Ausführliches Verzeichnis der

Guttentag'schen Sammlung

Deutscher Reichs- und Preußischer Gesetze

— Text-Ausgaben mit Anmerkungen; Taschenformat —

welche alle wichtigeren Gesetze in unbedingt zuverlässigen Gesetzestexten und in mustergültiger Weise erläutert enthält, befindet sich hinter dem Sachregister.

Guttentag'sche Sammlung
Nr. 40. Deutscher Reichsgesetze. Nr. 40.
Text-Ausgaben mit Anmerkungen.

Gesetz,

betreffend die

Pflichten der Kaufleute bei Aufbewahrung fremder Wertpapiere.

Vom 5. Juli 1896.

Text-Ausgabe mit Erläuterungen, Einleitung u. Sachregister

bearbeitet von

F. Lusensky,
Geheimem Ober-Regierungsrat,
vortragendem Rat im Ministerium für Handel und Gewerbe.

Zweite verbesserte Auflage.

Berlin 1905.
J. Guttentag, Verlagsbuchhandlung,
G. m. b. H.

Vorwort zur ersten Auflage.

Das sogenannte Depotgesetz ist nicht nur für das Geschäftsgebahren der Bankiers, sondern auch für das mit den Banken — durch Hinterlegung von Wertpapieren oder Erteilung von Kommissionen — in Verbindung tretende Publikum von Wichtigkeit. Daher ist es für einen großen Kreis von Personen wertvoll, über die Auslegung und Tragweite der Bestimmungen dieses Gesetzes unterrichtet zu sein: ein Ziel, das infolge der Schwierigkeit des Gegenstandes für viele nicht ohne weiteres zu erreichen ist.

Auf Ersuchen der Verlagsbuchhandlung hat sich deshalb der Verfasser dieses Büchleins, der an der Entstehung des Gesetzes von seiner ersten Ausarbeitung bis zu seiner Fertigstellung im Reichstage fortdauernd Anteil gehabt hat, entschlossen, das Gesetz mit erläuternden Bemerkungen und unter Vorausschickung einer historischen und systematischen Einleitung herauszugeben. Zur Erleichterung der Benutzung des Kommentars ist ein alphabetisch geordnetes Sachregister angeschlossen.

Um Irrungen zu vermeiden, sei noch bemerkt, daß die zu den verschiedenen zweifelhaften Fragen gemachten Ausführungen lediglich die private Auffassung des Verfassers darstellen.

F. Lusensky.

Inhalt.

I.

Einleitung.

1. Geschichte des Depotgesetzes.

Als im Herbst des Jahres 1891 eine Anzahl teilweise bedeutender inländischer Bankhäuser in rascher Aufeinanderfolge zusammenbrach und dabei umfangreiche Depotveruntreuungen aufgedeckt wurden, ging eine starke Bewegung durchs Land, die zunächst größere Sicherung des Publikums gegen unredliches Verhalten von Bankiers anstrebte, im weiteren aber auch die Verhältnisse der deutschen Börsen in ihren Kreis zog. Der Geschäftsbetrieb an den Börsen war schon seit Jahren der Gegenstand von Angriffen geworden, die sich namentlich gegen wirkliche und vermeintliche Mißstände im Terminhandel, insbesondere seine Ausartung zum Differenzspiel, und gegen den ungenügenden Schutz des Publikums bei der Zulassung von Werten, namentlich ausländischen Werten, zum Börsenhandel richteten. Als sich bei jenen Bankbrüchen herausstellte, daß an ihnen und den dadurch dem Publikum erwachsenen Verlusten Börsenspekulationen der in Konkurs geratenen Bankhäuser einen nicht geringen

Anteil hatten, erhielt das Verlangen nach einer Börsenreform eine neue kräftige Anregung.

Getragen von dieser Bewegung leiteten die verbündeten Regierungen eine doppelte Aktion ein. Um die für eine gesetzliche Regelung des Börsenwesens notwendigen Unterlagen zu gewinnen, wurde im Februar 1892 durch den Reichskanzler eine Kommission berufen, die aus Beamten der beteiligten Bundesregierungen sowie aus Vertretern der Wissenschaft und der unmittelbar und mittelbar am Börsenhandel beteiligten Kreise zusammengesetzt war. Der Bericht dieser sogenannten Börsenenquetekommission, der das Ergebnis einer anderthalbjährigen Tätigkeit darstellt, bildete die Grundlage für den dem Reichstage am 3. Dezember 1895 vorgelegten Entwurf eines Börsengesetzes*), der demnächst mit den vom Reichstage beschlossenen Änderungen Gesetz geworden ist (Börsengesetz vom 22. Juni 1896 — RGBl. S. 157).

Daneben wurde das kaufmännische Depotgeschäft zum Gegenstande besonderer Regelung gemacht. Ein entsprechender Gesetzentwurf ist im Preußischen Ministerium für Handel und Gewerbe ausgearbeitet und unter Mitwirkung von Vertretern der sonst beteiligten preußischen und Reichsverwaltungen im Frühjahr 1892 fertiggestellt worden,

---

*) Drucksachen des Reichstags, 9. Legislaturperiode, IV. Session 1895/97, Nr. 14.

nachdem die Grundsätze und Bestimmungen des Entwurfs zuvor einer Erörterung durch Sachverständige unterzogen worden waren.*) Dem Reichstage ist der im Bundesrate in einzelnen Punkten geänderte Entwurf unter der Benennung „Entwurf eines Gesetzes, betreffend die Pflichten der Kaufleute bei Aufbewahrung fremder Wertpapiere" am 3. Dezember 1895, zugleich mit dem Entwurfe des Börsengesetzes, vorgelegt worden.**) Maßgebend für diesen Aufschub war die Erwägung, daß es bei dem inneren Zusammenhange zwischen der allgemeinen Regelung der Börsenverhältnisse und der Ordnung des kaufmännischen Depotwesens nicht ratsam sei, den einen dieser Gegenstände ohne Rücksicht auf den andern zum Abschluß zu bringen (Begründung S. 64).***)

Die erste Lesung des Entwurfs des sogenannten

---

*) Die Vernehmung der Sachverständigen — Geheimer Kommerzienrat Frentzel-Berlin, Stadtrat Metzler-Frankfurt a. M., Direktor des Schaaffhausener Bankvereins Königs-Köln, Direktor der Bank für Handel und Industrie Dr. Riesser-Berlin, Bankier M. Richter-Berlin, (in Firma Emil Ebeling) — hat am 8., 9. und 10. Februar 1892 unter Leitung des Ministers für Handel und Gewerbe, Freiherrn v. Berlepsch, stattgefunden.

**) Vgl. die auf S. 10 erwähnte Drucksache 14 des Reichstags.

***) Wo im nachfolgenden die „Begründung" angezogen wird, ist darunter die Begründung des Entwurfs des Gesetzes, betreffend die Pflichten der Kaufleute bei Aufbewahrung fremder Wertpapiere zu verstehen.

Depotgesetzes im Reichstage fand in Verbindung mit der ersten Beratung des Börsengesetzentwurfs am 9., 10. und 11. Januar 1896 statt. Beide Vorlagen wurden der aus 21 Mitgliedern bestehenden IX. Kommission überwiesen, deren Bericht über das Depotgesetz am 12. Mai 1896 erstattet wurde.*) Die zweite und dritte Beratung des Entwurfs fanden in der Sitzung des Reichstags vom 17. Juni 1896 statt, wobei das Gesetz in der von der Kommission beschlossenen Fassung fast debattelos und, wie es den Anschein hatte, einstimmig angenommen wurde.

Unter dem 5. Juli 1896 vollzogen, ist es in der am 16. Juli 1896 ausgegebenen Nr. 19 des Reichs-Gesetzblatts (RGBl. S. 183) veröffentlicht worden. Dabei sind einige Versehen vorgekommen, die in der am 23. Juli 1896 ausgegebenen Nr. 20 des Reichs-Gesetzblatts (RGBl. S. 194) berichtigt worden sind.

Nachstehend ist der berichtigte Gesetzestext abgedruckt.

2. Die Formen des Depotgeschäfts und ihre rechtliche Natur.

Unter der Gruppe Bankdepotgeschäfte**) werden verschiedene, hauptsächlich im Bankverkehr

---

*) Drucksache Nr. 342 des Reichstags. 9. Legislaturperiode. IV. Session 1895/97. Berichterstatter war der Abgeordnete Müller (Fulda).

**) Vgl. Begründung S. 68, 69 (Formen des Depotgeschäfts).

übliche, Geschäfte zusammengefaßt. Ihre einfachste Form ist der Verwahrungsvertrag, der vorliegt, wenn Wertpapiere zur Aufbewahrung übergeben werden. Mit der Hingabe von Wertpapieren zur Verwahrung ist häufig der Auftrag zur Verwaltung (zur Abhebung von Zinsen, Dividenden, neuen Zinsscheinen und zu ähnlichen Geschäften) verbunden.

Ferner werden Wertpapiere im Bankverkehr für bereits bestehende oder gleichzeitig entstehende Forderungen als Pfand gegeben. Die Hingabe der Papiere kann auch mit der Bestimmung erfolgen, daß sie für künftig entstehende Forderungen haften sollen. Alsdann entsteht an ihnen ein Pfandrecht, sobald der Bankier an den Hinterleger eine Forderung erwirbt, zu deren Deckung das Depot bestimmt ist. Auch in betreff verpfändeter Wertpapiere kann der Bankier die Verwaltung übernehmen.

Depots kommen weiter in Verbindung mit Kommissionsgeschäften vor, sei es, daß der Kunde dem Bankier Wertpapiere zum Zwecke der Veräußerung übergibt (Verkaufskommission), sei es, daß er für den Kunden Wertpapiere anschafft (Einkaufskommission) und in Verwahrung nimmt. Als eine Vereinigung dieser beiden Geschäfte kann es gelten, wenn der Bankier mit dem Umtausche von Wertpapieren oder der Ausübung eines Bezugsrechts beauftragt wird.

Über die rechtliche Natur dieser Depotgeschäfte ist folgendes zu bemerken.

1. Beim Verwahrungs- oder Hinterlegungsvertrag übergibt der Hinterleger eine bewegliche Sache einem andern zur Aufbewahrung, zu der dieser — der Verwahrer — sich verpflichtet. Der Hinterleger bleibt Eigentümer*) der Sache, die er jederzeit zurückverlangen kann, und trägt als solcher die Gefahr ihres Untergangs oder ihrer Verschlechterung, insoweit nicht ein vom Verwahrer vertretbares Verschulden vorliegt. Gerät der Verwahrer in Konkurs, so kann der Hinterleger fordern, daß die in Verwahrung gegebene Sache aus der Konkursmasse ausgesondert und ihm ausgehändigt werde, ohne daß er sich am Konkursverfahren beteilige.

Bei der Hinterlegung sogenannter vertretbarer Sachen, bei denen es nicht auf eine bestimmte Individualität, sondern auf die Gattung**) ankommt, hat der Hinterleger oft kein Interesse daran, dieselben Sachen, die er in Verwahrung gegeben hat, zurückzuerhalten, sondern es genügt ihm die Rück-

*) Sofern er bei der Begründung des Vertrags Eigentümer war. Der Fall der Hinterlegung einer fremden Sache ist nicht weiter berücksichtigt, um die Deutlichkeit nicht zu beeinträchtigen.

**) Im Bürgerlichen Gesetzbuch vom 18. August 1896 sind vertretbare Sachen als „bewegliche Sachen, die im Verkehre nach Zahl, Maß oder Gewicht bestimmt zu werden pflegen", bezeichnet (§ 91 a. a. O.).

gabe der gleichen Menge gleichartiger Sachen. Wenn bei der Hinterlegung vertretbarer Sachen, zu denen die im Depotgesetze behandelten Wertpapiere zu zählen sind, abgemacht wird, daß nur gleichartige Sachen zurückzugewähren sind, so pflegt man von einem unregelmäßigen Verwahrungsvertrage (depositum irregulare) zu sprechen. Solche Abmachung hat zur Folge, daß der Empfänger der hinterlegten Sachen deren Eigentümer wird und als solcher die Gefahr ihres Untergangs oder ihrer Verschlechterung trägt, während der Hinterleger auf ein Forderungsrecht auf Leistung der gleichen Menge von Sachen gleicher Art beschränkt ist. Beim Konkurs des Verwahrers kann er diesen Anspruch lediglich als Konkursforderung geltend machen.

2. Beim Pfandvertrage über bewegliche Sachen — nur dieser kommt hier in Frage — wird dem Pfandgläubiger zur Sicherung einer Forderung vom Verpfänder eine bewegliche Sache übergeben, aus der er nötigenfalls Befriedigung suchen kann. Der Pfandgläubiger hat das Pfand zu verwahren. Bei Nichtbefriedigung der Forderung, zu deren Sicherung es bestellt ist, darf er den Verkauf des Pfandes herbeiführen. Ist seine Forderung dagegen befriedigt oder auf andere Weise erloschen, so hat er das Pfand dem Verpfänder zurückzugeben.

Mit dem Eigentum an den Pfandstücken verhält es sich ebenso wie beim Verwahrungsvertrage. Sofern der Verpfänder eine ihm gehörende Sache verpfändet hat, bleibt er deren Eigentümer*) und trägt die Gefahr des Untergangs oder der Verschlechterung, insoweit den Pfandgläubiger nicht ein vertretbares Verschulden trifft. Beim Konkurs des Pfandgläubigers kann der Verpfänder die Aussonderung des Pfandes aus der Masse beanspruchen, sobald die dem Pfand zugrunde liegende Schuld getilgt ist.

Bei der Verpfändung vertretbarer Sachen, also auch von Wertpapieren, kann ausgemacht werden, daß der Pfandgläubiger Eigentümer werden und nur verpflichtet sein sollte — nach Erlöschen des Pfandrechts —, die gleiche Menge gleichartiger Sachen zurückzugeben.**) Alsdann trägt der Pfandgläubiger die Gefahr der Pfandstücke, wogegen bei seinem Konkurs der Verpfänder seine Ansprüche aus dem Pfandvertrage nur als Konkursgläubiger verfolgen kann.

3. Kommissionär ist, wer es gewerbsmäßig übernimmt Waren oder Wertpapiere für Rechnung eines andern (des Kommittenten) in eigenem Namen zu kaufen oder zu verkaufen (§ 383 des HGB.). Der Kommissionär hat dem Kommittenten von der Ausführung des Auftrages sofort Anzeige zu erstatten

---

*) Auch hier ist der Fall nicht weiter berücksichtigt, daß eine fremde Sache als Pfand bestellt ist.

**) Auf die juristische Konstruktion dieses Rechtsgeschäfts näher einzugehen, liegt außerhalb des Rahmens der vorliegenden Aufgabe.

(§ 384 Abs. 2 a. a. O.). Der Auftrag kann vom Kommissionär zunächst in der Weise ausgeführt werden, daß er das ihm aufgetragene Geschäft mit einem Dritten abschließt. Bei der Kommission zum Einkauf und Verkauf von Waren, die einen Börsen- oder Marktpreis haben, sowie von Wertpapieren, bei denen ein Börsen- oder Marktpreis amtlich festgestellt wird, kann das Geschäft, wenn der Kommittent nicht ein anderes bestimmt hat, auch durch Selbsteintritt des Kommissionärs erledigt werden, indem dieser das Gut, das er einkaufen soll, selbst als Verkäufer liefert, oder das Gut, das er verkaufen soll, selbst als Käufer übernimmt (§ 400 des HGB.).

Nach den Vorschriften des alten HGB. konnte der Kommittent, dem die Ausführungsanzeige zuging, darüber im Zweifel gelassen werden, ob die Ausführung des Auftrages durch Abschluß mit einem Dritten oder durch Selbsteintritt des Kommissionärs erfolgt sei. Hierin ist mit dem Inkrafttreten des Börsengesetzes (dem 1. Januar 1897) eine Änderung eingetreten, indem nach § 74 daselbst, wenn der Kommissionär bei der Anzeige von der Ausführung des Auftrags nicht ausdrücklich erklärt, daß er selbst eintrete, dies als Erklärung gilt, daß die Ausführung durch Abschluß des Geschäfts mit einem Dritten für Rechnung des Kommittenten erfolgt sei. Diese Bestimmung ist in das neue HGB. übernommen worden (§ 405 daselbst).

Die den Bankiers erteilten Kommissionen beziehen sich meist auf den Ein- und Verkauf von Wertpapieren, also auf Fälle, in denen der Selbsteintritt gesetzlich zulässig zu sein pflegt. Außerdem kommen für das Depotgesetz noch Kommissionen zum Umtausch von Wertpapieren oder zur Geltendmachung von Bezugsrechten in Frage, bei denen der Selbsteintritt des Kommissionärs nicht angängig ist.

Bei Kommissionen zum Einkauf oder zum Verkauf von Wertpapieren wird der Kommissionär entweder beauftragt, „bestens" abzuschließen, oder es wird ein Limitum gesetzt, d. h. bei Aufträgen zum Einkauf ein Höchstpreis bestimmt, der nicht überschritten werden darf, bei Verkaufsaufträgen ein Mindestpreis, unter dem nicht abzugeben ist.

Bei der Verkaufskommission bleibt der Kommittent so lange Eigentümer der dem Bankier zur Veräußerung mitgeteilten Wertpapiere, bis dieser entweder als Selbstkäufer eintritt oder dem Käufer, mit dem er abgeschlossen hat, das Eigentum an den Papieren überträgt. Abgesehen von den nicht zahlreichen Fällen, in denen der Auftrag infolge Limitierung des Verkaufspreises längere Zeit nicht ausgeführt werden kann, kommt die Verkaufskommission regelmäßig in so kurzer Frist zur Erledigung, daß eine Verwahrung der Papiere meist nicht in Frage kommt.

Bei der Einkaufskommission muß der Kommissionär, wenn er den Auftrag durch Selbsteintritt ausführt, die zu liefernden Papiere entweder eigentümlich besitzen oder sich solche zu eigen verschaffen. Aber auch, wenn er mit einem Dritten abschließt, erwirbt er, da er in eigenem Namen auftritt, zunächst selbst an dem Kommissionsgut Eigentum, das er darauf dem Kommittenten zu übertragen hat. Das geschieht entweder durch Aushändigung der Papiere oder durch sogenanntes constitutum possessorium. Der letztere Weg pflegt, wenn die Wertpapiere bei dem Kommissionär in Depot bleiben sollen, gewählt zu werden, um das körperliche Hin- und Hergeben der Papiere zu ersparen. Für die Vollziehung des constitutum possessorium bestanden zur Zeit des Erlasses des Depotgesetzes gemäß den in den verschiedenen Rechtsgebieten geltenden bürgerlichen Rechten verschiedene Grundsätze. Übereinstimmung bestand nur darin, daß es in den hier interessierenden Fällen, in denen es sich um Bankiergeschäfte, also gemäß Art. 272 Ziff. 2 des alten HGB. um Handelsgeschäfte handelte, im Hinblick auf Art. 317 daselbst einer besonderen Form allgemein nicht bedurfte.

Nach preußischem Recht war zur Vollziehung des constitutum possessorium die Absonderung und kenntliche Auszeichnung der Papiere (§ 47 ALR. I. 7) sowie die Willenserklärung des Besitzers erforderlich, die Sache nunmehr für den Kommittenten in seinem Gewahrsam zu halten (§ 71 a. a. O.). Beiden Erfordernissen wurde durch die Übersendung einer Aufbewahrungserklärung, welche ein spezialisiertes Verzeichnis der beschafften Papiere enthielt, entsprochen. Das Gesetz verlangte jedoch eine derartige individuelle Bezeichnung der Stücke in der Aufbewahrungserklärung nicht unbedingt. Es genügte vielmehr die bloße, dem Kommittenten gemachte Mitteilung, die Papiere für ihn in Verwahrung (Depot) genommen zu haben, verbunden mit der tatsächlichen Spezialisierung derselben. Diese Spezialisierung konnte durch Absonderung der für den Kommittenten beschafften Papiere oder durch Bezeichnung derselben mit dem Namen des Auftraggebers oder auch durch Buchung der Nummern in dem Depotkonto des Kunden oder in sonstigen Handelsbüchern erfolgen.

Anders nach gemeinem Recht. Nach der herrschenden Auffassung genügte in dem Falle eines zum Besitzerwerbe und zur Verwahrung erteilten Auftrages für den Übergang des Besitzes auf den Auftraggeber durch constitutum schon die erkennbare Betätigung des Willens des Beauftragten, die zunächst für sich apprehendierte Sache nunmehr für den Auftraggeber zu besitzen, ohne daß es der Erklärung dieses Willens gerade dem Auftraggeber gegenüber bedurft hätte. Demgemäß wurde anerkannt, daß der Einkaufskommissionär bereits durch Bezeichnung bestimmter Effekten mit dem Namen des Auftraggebers, durch ihre Absonderung in einem besonderen Behältnisse oder auch durch einen sich auf bestimmte Stücke beziehenden Vermerk in seinen Handelsbüchern den Auftraggeber zum Besitzer mache.

Das preußische Landrecht und das gemeine Recht stimmten hiernach darin überein, daß nach beiden eine Spezialisierung der Papiere, deren Besitz auf den Kommittenten durch constitutum übertragen werden sollte, erforderlich war, und daß diese Spezialisierung durch Absonderung oder durch Bezeichnung mit dem Namen des Auftraggebers oder durch Buchung der Nummern in den Handelsbüchern des Kommissionärs oder durch Nummernaufgabe an den Kommittenten erfolgen konnte. Während jedoch das Allgemeine Landrecht außerdem eine Aufbewahrungserklärung des Kommissionärs gegenüber dem Kommittenten forderte, bedurfte es einer solchen nach gemeinem Recht nicht (Begründung S. 70, 71).

Nach dem BGB. (§ 930) ist zum constitutum possessorium erforderlich, daß zwischen dem im Besitze der Sache befindlichen Eigentümer und dem Erwerber ein Rechtsverhältnis vereinbart wird, vermöge dessen der Erwerber den mittelbaren Besitz erlangt. Da ein Besitz nur an individuell bestimmten Sachen möglich ist, so ist auch nach dem BGB. die Spezialisierung der durch constitutum possessorium zu übereignenden Papiere nötig.

Ist der Kommittent durch constitutum possessorium Eigentümer der im Depot des Kommissionärs verbliebenen Stücke geworden, so tritt er dadurch in die rechtliche Stellung eines Hinterlegers ein.

Wie bei der Hinterlegung und Verpfändung von Wertpapieren zwischen den Parteien ausgemacht sein kann, daß der Empfänger Eigentümer derselben werden, und der Hinterleger oder Verpfänder auf einen Forderungsanspruch beschränkt sein solle, so kann auch bei der Kommission zum Einkaufe von Wertpapieren die Absicht der Parteien darauf gehen, daß der Kommissionär dem Kommittenten nicht Eigentum an den beschafften Papieren übertragen, sondern ihm nur obligatorisch zur Leistung einer bestimmten Menge derselben verpflichtet sein solle. Der Kommittent begnügt sich in diesem Falle mit der bloßen Lieferungsbereitschaft des Kommissionärs. Die rechtlichen Folgen eines solchen Übereinkommens äußern sich, wie beim unregelmäßigen Verwahrungsvertrage, darin, daß der Kommittent zwar keinerlei Gefahr für die ihm zu liefernden Papiere zu tragen hat, andrerseits aber beim Konkurs des Kommissionärs kein Aussonderungsrecht, sondern nur einen persönlichen Anspruch als Konkursgläubiger geltend machen kann.

Ähnlich wie bei der Einkaufskommission liegt es mit den Eigentumsverhältnissen, wenn ein Kaufmann als Kommissionär den Umtausch fremder Wertpapiere bewirkt oder mittels derselben ein Recht zum Bezuge von Wertpapieren, insbesondere von neuen Aktien, welche von den Besitzern der alten Aktien beansprucht werden können, geltend macht. Auch bei diesen Geschäften erwirbt nach der in der Begründung vertretenen Rechtsauffassung*) der Kaufmann das Eigentum an den eingetauschten oder bezogenen Papieren zunächst für sich und muß, wenn er die Papiere in Depot behält, zu dessen Übertragung auf den Kommittenten das constitutum possessorium vollziehen. Auch hier kann der Wille der Parteien darauf gerichtet sein, daß der Kommissionär den Eigentumsübertragungsakt nicht vollziehen, sondern nur eine obligatorische Verbindlichkeit zur Leistung einer bestimmten Menge der in Rede stehenden Papiere übernehmen solle.

3. Die Unzulänglichkeit der vor Erlaß des Depotgesetzes für das kaufmännische Depotgeschäft gültigen Vorschriften.

Bei den wichtigsten Fällen des kaufmännischen Depots, dem Verwahrungs- und Verpfändungsvertrage und der mit Indepotnahme verbundenen Einkaufs- und Umtauschkommission, können sich, wie im zweiten Abschnitte gezeigt, je nach der Absicht

*) Eine abweichende Ansicht ist in der Entscheidung des Reichsgerichts vom 17. Februar 1897 (Civils. Bd. 33 S. 105) vertreten. Dort wird in der Beauftragung eines Bankiers mit dem Umtausch italienischer Rententitel mit erschöpften Zinsscheinen gegen neue Stücke mit neuen Zinsscheinen zwar ein Kommissionsgeschäft erblickt. Es wird aber ausgeführt, daß der Kommittent mit dem Zeitpunkte des Umtausches Eigentümer der eingetauschten neuen Stücke geworden ist, ohne daß es dazu eines Besitzübertragungsaktes bedurft hätte.

der Parteien die Eigentumsverhältnisse verschieden gestalten. Es kann gewollt sein, daß die in der Verwahrung des Bankiers befindlichen Wertpapiere Eigentum des Bankkunden seien; es kann aber auch beabsichtigt sein, daß das Eigentum daran dem Bankier zustehen und der Bankkunde nur einen obligatorischen Anspruch auf Leistung einer bestimmten Menge nach ihrer Art bestimmter Wertpapiere haben solle. In beiden Fällen steht für den Bankkunden einem Vorteil ein Nachteil gegenüber. Ist er der Eigentümer des Depots, so hat er den Vorteil, von einem Konkurse des Bankiers nicht betroffen zu werden,*) indem er die Aussonderung seiner Wertpapiere aus der Konkursmasse auf Grund seines Eigentums beanspruchen kann: andererseits hat er — und darin liegt sein Nachteil — die Gefahr zu tragen, die ohne ein vertretbares Verschulden des Bankiers für die Wertpapiere erwachsen kann (durch Feuer, bei Aufruhr, durch Einbruch, durch Veruntreuungen seitens der Angestellten des Bankiers u. a. m.). Wenn der Kunde dagegen auf einen Forderungsanspruch beschränkt ist, so steht seinem Vorteile, die Gefahr der Wertpapiere nicht zu tragen, der Nachteil gegenüber, daß er beim Konkurse des Bankiers seinen Anspruch nur als Konkursgläubiger

*) Insoweit nämlich seine Papiere vorhanden sind Gegen Veruntreuungen kann ihn sein Eigentum natürlich nicht schützen.

geltend machen kann, was in der Regel große Verluste bedingt.

Es mag vorkommen, daß ein Bankkunde die Sicherheit seiner Bank für so zweifelhaft hält, daß ihm ihr Zusammenbruch unwahrscheinlicher dünkt als ein Verlust der Wertpapiere durch ein von der Bank nicht vertretbares Ereignis, und daß er demzufolge mit voller Überlegung unter Verzicht auf Eigentum an Wertpapieren einem obligatorischen Anspruche gegen seine Bank den Vorzug gibt. Im allgemeinen wird das nicht die Anschauung des Publikums sein. Der Kunde, der für solche Erwägungen nicht rechtserfahren genug ist, wird meist den Gedanken weit von sich weisen, daß die Papiere, die er dem Bankier zur Aufbewahrung gibt oder bei ihm liegen läßt, nach seinem Willen Eigentum des Bankiers sein sollen. Und auch von den juristisch geschulten und geschäftserfahrenen Bankkunden werden viele sich von der Erwägung leiten lassen, daß erfahrungsgemäß auch angesehene und vertrauenswürdige Bankhäuser den Erschütterungen großer Krisen nicht widerstanden haben, während andererseits Verluste an Wertpapieren durch Einbruch, Feuer, Naturereignisse infolge der ausgezeichneten Aufbewahrungseinrichtungen der Banken fast ausgeschlossen, Verluste durch Veruntreuungen des Geschäftspersonals aber selten sind und überdies noch häufig von den Banken ersetzt werden.

Wenn hiernach die Begründung regelmäßiger

Depots im allgemeinen der Absicht des Publikums entspricht, so ist das Interesse des Bankiers das umgekehrte. Da für sie die Abschließung unregelmäßiger Verwahrungsverträge, die ihnen die freie Verfügung über die Wertpapiere gestattet, eine Vermehrung ihres Betriebskapitals und dadurch die Möglichkeit der Ausdehnung ihres Geschäfts bedeutet, so kann es nicht Wunder nehmen, wenn sie vielfach bestrebt sind, die Rechtslage bei Depotverträgen über Wertpapiere so zu gestalten, daß ihnen daran Eigentum und Verfügungsrecht zusteht.

In gewissem Umfange ist dieses Bestreben wirtschaftlich berechtigt, insbesondere, wenn der Bankier dem Kunden Vorschuß gewährt. Das Wesen des Bankgeschäfts bringt es mit sich, daß der Bankier in gleicher Weise, wie auf ausreichende Deckung seiner Ansprüche an die Kunden, auf möglichste Ausnutzung seines Betriebskapitals Bedacht nehmen muß. Kreditgewährungen, die Kapitalien des Bankiers für längere Zeit festlegen und der ferneren Verwendung in seinem Geschäftsbetriebe entziehen, sind mit dem Bankgeschäft wenig verträglich. Wenn ein Bankkunde Wertpapiere als Unterpfand für Kredite des Bankiers in der Weise hinterlegt, daß dieser darüber nicht verfügen darf, so wird der Bankier, wenn er auf einen solchen, seine Betriebskapitalien festlegenden Geschäftsverkehr überhaupt eingeht, hohe Verzinsung seiner Vorschüsse fordern müssen. Gestattet dagegen der Kunde dem Bankier die Verfügung über die verpfändeten Papiere, so kann dieser durch deren Veräußerung oder Lombardierung seinem Betriebskapitale die Beträge wieder zuführen, die er an Krediten festlegt, und demzufolge dem Kunden günstigere Bedingungen gewähren. Ähnlich verhält es sich mit der Kreditgewährung bei der Einkaufskommission. Selbst wenn der Bankier durch einen genügenden Einschuß in Verbindung mit seinem Pfandrecht am Kommissionsgute vor Verlusten gesichert ist, hat er doch, wofern er die angeschafften Papiere dem Kunden zum Eigentum überträgt und dadurch der eigenen Verfügung entzieht, den Nachteil, daß sein Betriebskapital durch die Stundung des Anschaffungspreises festgelegt wird. Auch hier ist eine Abmachung, derzufolge der Kunde auf den Eigentumserwerb an den Stücken verzichtet, so daß der Bankier durch ihre Verwertung sein Betriebskapital wieder ergänzen kann, wirtschaftlich begründet: um so mehr, als bei solcher Abmachung dem Kunden günstigere Bedingungen gestellt werden können als bei Übertragung des Eigentums am Kommissionsgute.

Anders sind dagegen die Fälle zu beurteilen, in denen ein Kunde, ohne den Kredit seines Bankiers in Anspruch zu nehmen, Wertpapiere bei ihm hinterlegt, oder in denen er, unter Entrichtung des Kaufpreises, Papiere von seinem Bankier anschaffen läßt. Abgesehen von den vereinzelten Ausnahmen, in denen ein Kunde auf ein Forderungsrecht gegenüber dem Bankier absichtlich beschränkt sein will, um die Gefahr des Eigentums an den Papieren nicht zu tragen (s. S. 25), kann aus den wirtschaftlichen Beziehungen zwischen Kunden und Bankier für diese Fälle eine Rechtfertigung für das Verlangen des letzteren, die Depots seinem Betriebskapital zuzuführen, nicht hergeleitet werden. Wenn dennoch dieses Bestreben öfter nicht nur vorhanden, sondern auch von Erfolg gekrönt war, so war dies vornehmlich Unsicherheiten und Lücken der einschlägigen Gesetzesbestimmungen zuzuschreiben.

Selbst wenn beim kaufmännischen Depotgeschäft der Wille der Parteien zweifellos darauf gerichtet war, daß nicht der Bankier, sondern der Kunde Eigentümer sein solle, so drohten dem Bankier, der dennoch über die Papiere verfügte, kaum beträchtliche Rechtsnachteile. Besonders nicht auf dem Gebiete des bürgerlichen Rechts. Wenn er durch Verfügungen über die ihm in Verwahrung oder als Pfand übergebenen Papiere außerstande war, dem Hinterleger oder Verpfänder dieselben Stücke, die er empfangen hatte, zurückzugewähren, aber gleichartige Stücke lieferte, so konnte auf dieses Verhalten, obschon es rechtswidrig war, ein Entschädigungsanspruch im allgemeinen nicht gegründet werden, weil es infolge der Vertretbarkeit der Papiere eine Vermögensbeschädigung des Hinterlegers oder Verpfänders regelmäßig nicht veranlaßte.

Bei der mit Depot verbundenen Einkaufskommission wird, wie oben dargelegt (S. 19), das Eigentum an den für den Kommittenten beschafften Stücken von ihm erst dadurch erworben, daß der Kommissionär das constitutum possessorium vollzieht. Es bestand nun auch vor Erlaß des Depotgesetzes rechtlich zwar darüber kein Zweifel, daß der Kommittent aus dem Kommissionsvertrage die Eigentumsübertragung beanspruchen konnte; auch konnte er nach der Rechtsprechung des Reichsgerichts die Aufgabe der Nummern der für ihn beschafften Papiere fordern (Entsch. in Civils. Bd. 5 S. 6). Endlich ist in derselben Entscheidung der Grundsatz ausgesprochen, daß der Einkaufskommissionär, der die Kommission durch Abschluß mit einem Dritten ausgeführt hat, auch bei vertretbaren Waren nicht berechtigt ist, die auf Grund des ihm erteilten Auftrages angeschaffte Ware zu verkaufen und eine andere, gleichartige zu liefern, es sei denn, daß nach Lage des Falles anzunehmen ist, daß dem Kommittenten die bloße Lieferungsbereitschaft des Kommissionärs genüge (vgl. auch Entsch. vom 28. Januar 1903, Civils. Bd. 53 S. 363). Da aber keine Vorschrift vorhanden war, die dem Kommissionär die Vollziehung des constitutum possessorium unter Festsetzung einer bestimmten Frist und unter Androhung von Rechtsnachteilen zur Pflicht machte, und der Kommittent zur Erzwingung der Besitzübertragung kein anderes Mittel hatte als den langwierigen Weg der Klage, so war es tatsächlich fast völlig von dem Kommissionär abhängig, ob er den Kommittenten zum Eigentümer machen wollte. Der Rechtsnachteil, der ihm bei Nichterfüllung dieser Pflicht drohte, bestand nur darin, daß er bei einer erfolgreich durchgeführten Klage des Kommittenten in die Tragung der Prozeßkosten verurteilt wurde.

Was den strafrechtlichen Schutz des Publikums gegen rechtswidriges Verhalten von Kaufleuten gegenüber Depots an Wertpapieren betrifft, so kam hier vor Erlaß des Depotgesetzes vornehmlich der den Tatbestand der Unterschlagung regelnde § 246 des StGB. in Betracht. In der Begründung des Depotgesetzes ist in sehr eingehender Ausführung dargelegt, wie durch die enge Begrenzung des Unterschlagungsbegriffs mannigfache Fälle, in denen ein Bankier über Depots rechtswidrig verfügt hat, nicht darunter begriffen werden konnten und daher straffrei bleiben mußten. Es ist daselbst folgendes ausgeführt (S. 64 ff.):

Zum Tatbestand der Unterschlagung (§ 246 des StGB.) gehört die rechtswidrige Zueignung (a) einer fremden, in Gewahrsam des Täters befindlichen Sache (b), sowie das Bewußtsein des Täters, daß die Sache eine fremde und die Zueignung rechtswidrig sei (c).

a) Die rechtswidrige Zueignung setzt die Absicht des Täters voraus, über die in seinem Gewahrsam befindliche fremde Sache wie über sein Eigentum zu verfügen. Eine rechtswidrige Verfügung über die Sache, bei der die Absicht nicht auf Zueignung gerichtet ist, wird durch die Strafbestimmung des § 246 des StGB. nicht getroffen. Dies gilt insbesondere für den wichtigsten hier in Frage kommenden Fall der Verpfändung fremder Sachen, welche „je nach der Willensrichtung des Verpfänders als Unterschlagung, aber auch nur als unerlaubter Gebrauch sich darstellen kann“ (Motive des revidierten Entwurfs zum StGB. S. 122).

Indem sodann die Rechtsprechung des Reichsgerichts hinsichtlich dieses Punktes erörtert wird, fährt die Begründung fort:

Aus den vorstehenden Ausführungen erhellt, daß nach dem geltenden Strafrecht die objektiv widerrechtliche Verpfändung einer fremden Sache den Tatbestand der Unterschlagung nicht erfüllt, wenn der Täter mit der Absicht der Wiedereinlösung verpfändete und diese Absicht mit der wohlbegründeten Überzeugung verbunden ist, die Wiedereinlösung zu jeder Zeit bewirken zu können.

b) Der § 246 des StGB. fordert als Gegenstand der Unterschlagung eine fremde Sache. Während der Begriff der fremden Sache von dem Obertribunal schon in Fällen konstruiert worden ist, in denen nur ein obligatorischer Anspruch auf Herausgabe bestand, legt das

Reichsgericht das entscheidende Gewicht darauf, ob derjenige, welchem die Unterschlagung zur Last gelegt wird, oder ein Dritter nach den Grundsätzen des Zivilrechts Eigentümer war.

Im Hinblick darauf, daß die Eigentumsverhältnisse an den in Verwahrung eines Bankiers befindlichen Wertpapieren nicht überall zweifelsfrei sind, führt die vorgetragene, gewiß zutreffende Rechtsauffassung des Reichsgerichts zu einer Erschwerung der strafrechtlichen Verfolgung von Depotveruntreuungen.

c) Für den Tatbestand der Unterschlagung ist ferner das Bewußtsein des Täters von der Rechtswidrigkeit der Zueignung erforderlich. Hierbei kommt namentlich die Frage in Betracht, inwieweit bei der objektiv rechtswidrigen Zueignung fremder vertretbarer Sachen die Absicht des Täters, den Eigentümer durch Rückgewährung von Sachen gleicher Art schadlos zu halten, von rechtlicher Bedeutung ist. Der Standpunkt des Reichsgerichts zu dieser Frage ist in dem Erkenntnisse vom 10. Dezember 1881 (Entsch. in Strafs. Bd. 5 S. 304) dargelegt: „Die Absicht des Ersatzes dessen, was der Täter sich zueignet, ist an sich nicht geeignet, den strafbaren Dolus zu beseitigen, bei der Unterschlagung so wenig als bei anderen Vergehen gegen fremde Vermögensrechte, wie Diebstahl, Betrug usw. Erheblich kann sie, soviel die Unterschlagung betrifft, insofern werden, als sie die Grundlage für die Überzeugung des Täters war, der Eigentümer werde, eben dieser Ersatzpflicht wegen, mit der Zueignung einverstanden sein. Die sofortige, durch bereite Mittel gewährleistete, Ausführbarkeit der Ersatzabsicht gewinnt in dem nämlichen Zusammenhange Bedeutung, indem der Täter die Genehmigung seiner Zueignungshandlung durch den Eigentümer ernstlich vorauszusetzen, nur dann in der Lage sein wird, wenn für ihn die Möglichkeit sofortiger Ersatzleistung feststeht." Ferner Entsch. in Strass. Bd. 7 S. 351, 352: „Die mit dem Bewußtsein der — tatsächlich auch vorhandenen — Möglichkeit jederzeitiger Ersatzleistung verbundene Ersatzabsicht kann geeignet sein, das Bewußtsein von der Rechtswidrigkeit der Aneignung der fremden Sache auszuschließen, insofern durch das Vorhandensein von Absicht und Möglichkeit jederzeitiger Ersatzleistung die Annahme begründet werden kann, der Eigentümer der Sache werde mit der unter solchen Umständen geschehenen Aneignung der Sache einverstanden sein." (Vgl. außerdem Entsch. in Strass. Bd. 14

S. 242 ff., Bd. 21 S. 366.) Ist auf Grund einer derartigen Feststellung die Anwendbarkeit des § 246 des StGB. ausgeschlossen, so bleibt der Täter auch dann straflos, wenn er später außerstande ist, dem Eigentümer Ersatz zu leisten, weil es nur darauf ankommt, daß er im Augenblicke der Zueignung frei von dem Bewußtsein der Rechtswidrigkeit war, und später eingetretene Umstände, wie die Verschlechterung seiner Vermögenslage, dieses Bewußtsein nicht nachträglich zu begründen vermögen. (Entsch. in Straff. Bd. 5 S. 55.)

Bei der Rechtslage, wie sie im vorstehenden dargestellt ist, konnte es nicht Wunder nehmen, wenn sich in Bankierkreisen eine Trübung der Anschauungen über ihr Rechtsverhältnis zu den Depotkunden vollzogen hatte. Die Schwierigkeit und nahezu Unmöglichkeit für die Depotkunden, einen Bankier wegen rechtswidriger Verfügung über das Depot zivilrechtlich in Anspruch zu nehmen, dazu die Lückenhaftigkeit des Unterschlagungsbegriffs und besonders der Grundsatz der Strafrechtspflege, daß der Tatbestand der Unterschlagung ausgeschlossen sei, wenn der Täter im Augenblick der Aneignung fremder vertretbarer Sachen die ernstliche Ersatzabsicht hat und ihre Ausführbarkeit durch bereite Mittel gewährleistet ist, haben vielfach zu der Auffassung geführt, daß den Bankiers über die in ihrem Depot befindlichen Papiere ein weitgehendes Verfügungsrecht zustehe, von welchem sie unter der Voraussetzung, daß sie jederzeit in der Lage seien, andere Papiere derselben Art zurückzugewähren, zu Verpfändungen, im Reportgeschäft oder in anderer Weise Gebrauch machen dürften.

Insbesondere über das mit der Einkaufskommission verbundene Depot waren irrige Auffassungen verbreitet. So hörte man nach L. Goldschmidt (Börsen und Banken — Preußische Jahrbücher 1891 S. 876 ff.) nicht selten die Behauptung, daß nach der deutschen Rechtsprechung dem Kommissionär, welcher die Nummernaufgabe unterläßt, die beliebig freie Verfügung über das Kommissionsgut zustehe, daß also in der Unterlassung der Nummernaufgabe, ungeachtet der Anzeige, die eingekauften Effekten für den Kommittenten in „Depot" genommen zu haben, die stillschweigende Erklärung des Kommissionärs liege, daß der Kommittent lediglich einen persönlichen Anspruch auf ein Quantum der bezeichneten Papiere haben solle, eine Behauptung, von welcher Goldschmidt sagt, daß sie anscheinend sogar zu einem Glaubenssatze gewisser Bankierkreise geworden sei.

Von solchen irrigen Rechtsauffassungen beeinflußt, befanden sich die Bankiers meist in gutem Glauben, wenn sie die Beziehungen zu ihren Depotkunden so zu gestalten suchten, daß ihre Befugnis zur unbeschränkten Verfügung über die in Verwahrung übernommenen Wertpapiere auch förmlich zum

Ausdrucke kam. Daß dies nicht selten gelang, beruhte teils auf der Unerfahrenheit des Publikums, teils aber auch auf einer eigentümlichen, im Bankverkehr üblichen, dem Laien oft unverständlichen Ausdrucksweise, die geeignet war, das Rechtsverhältnis zu verdunkeln. Namentlich fanden sich bisweilen in den allgemeinen Geschäftsbedingungen, die Bankiers dem Geschäftsverkehre mit ihren Kunden zugrunde legen und von diesen durch Unterschrift anerkennen lassen, Ausdrücke, aus denen hergeleitet wurde, daß der Bankier dem Kunden gegenüber nur zur Leistung von Wertpapieren in genere verpflichtet wäre. Ein großer Teil des mit Banken in Beziehung tretenden Publikums war nicht erfahren genug, den Inhalt solcher Geschäftsbedingungen vollständig zu übersehen, und kam durch deren Annahme, ohne sich darüber klar zu sein, in die Lage, ein Rechtsverhältnis zu genehmigen, bei welchem die Aufrechterhaltung seines Eigentums mindestens in Frage gestellt war.

Auch bei der Einkaufskommission wurden öfter Ausdrücke gebraucht, aus denen der Unerfahrene die rechtliche Natur des Geschäfts nicht mit Sicherheit erkennen konnte. So mag aus der Anzeige des Bankiers an seinen Kunden, daß die in dessen Auftrage beschafften Wertpapiere ihm auf dem Effektenkonto oder dem Stückekonto gutgeschrieben seien, mancher nicht herausgelesen haben, daß damit zum

Ausdruck kommen solle, daß der Kunde lediglich einen obligatorischen Anspruch auf Lieferung von Stücken besitze.

4. Die Rechtslage bei Mitwirkung mehrerer Bankiers und ihre Mängel.

Eine weitere Verwickelung der Rechtslage und Gefährdung des Publikums entsteht dadurch, daß vielfach die Bankiers die Aufträge ihrer Kunden nicht selbst ausführen können, sondern durch einen anderen Bankier ausführen lassen müssen. Die Bankiers an kleineren Orten stehen zu diesem Zweck in ständiger Geschäftsverbindung mit Bankiers an Börsenplätzen. Die Bankiers an den kleineren Börsen, an denen ein beschränkter Verkehr mit Wertpapieren stattfindet, haben ihrerseits Beziehungen zu den Banken der Hauptbörsenplätze. Bei der Ausführung von Kommissionsgeschäften werden auf diese Weise nicht selten zwei, drei und noch mehr Bankgeschäfte beteiligt.

Nun haben die Bankiers der Hauptplätze gegenüber den Provinzialbankiers, die Bankiers der Börsenplätze gegenüber den kleinen Bankiers wegen aller Forderungen aus laufender Rechnung in Kommissionsgeschäften an dem gesamten, in ihren Besitz gelangenden Kommissionsgute ein Pfandrecht (§ 397 des HGB.). Vertragsmäßig pflegt das Pfandrecht dahin erweitert zu werden, daß es sämtliche in den Besitz des größeren Bankiers gelangende

Effekten umfaßt, und daß die Effekten für alle seine Ansprüche gegen den Provinzialbankier haften. Gemäß § 366 des HGB. in Verbindung mit den einschlägigen Bestimmungen des BGB., insbesondere §§ 1207, 1208, 932, 934 und 935 werden nur diejenigen Effekten von diesem Pfandrechte nicht betroffen, hinsichtlich deren der hauptstädtische Bankier nicht als redlicher Pfandgläubiger angesehen werden kann, also im wesentlichen diejenigen, die ausdrücklich als fremde bezeichnet sind. Solche Bezeichnung als fremde fand indessen nur ausnahmsweise statt. Bei den Kommissionsgeschäften, die im Verkehr der Bankiers untereinander vornehmlich in Betracht kommen, tritt der Provinzialbankier als Kommissionär seines Kunden kraft Gesetzes in eigenem Namen auf. Nach der Rechtslage vor Erlaß des Depotgesetzes brauchte er sich darüber nicht auszulassen, inwieweit seine Kommissionen an den hauptstädtischen Bankier auf fremde Rechnung erfolgten. Demzufolge unterlagen die Wertpapiere, welche er dem hauptstädtischen Bankier zum Zweck des Verkaufs, des Umtausches oder Geltendmachung von Bezugsrechten übersandte, sämtlich dessen Pfandrecht, ebenso die Wertpapiere, die der hauptstädtische Bankier auf Grund einer vom Provinzialbankier weitergegebenen Einkaufskommission anschaffte. Da der provinzielle Bankier überdies ein erklärliches Interesse daran hat, im eigenen Namen aufzutreten, weil sein Kredit bei dem hauptstädtischen Bankier mit der Zahl der diesem haftenden Pfandgegenstände wächst, so war er der Versuchung ausgesetzt, auch außer dem Falle des Kommissionsgeschäfts bei der Hingabe fremder Papiere zur Verwahrung im eigenen Namen aufzutreten.

Auf diese Weise wurden die Wertpapiere des Publikums der Provinzen dem Pfandrecht der großstädtischen Bankiers zur Sicherung von Forderungen verhaftet, die diese den Provinzialbankiers gegenüber hatten. Sie dienten ihnen im Falle des Konkurses der Provinzialbankiers als Gegenstände der Befriedigung und konnten so dem Eigentümer infolge des auf dem Pfandrecht beruhenden Absonderungsrechts des hauptstädtischen Bankiers verloren gehen, ohne daß zwischen diesem und dem Eigentümer ein Schuldverhältnis bestand.

Um die Haftbarkeit der Wertpapiere des Publikums für Forderungen, die aus dem Geschäftsverkehr der Bankiers miteinander entstehen, einzuschränken, war schon vor Erlaß des Depotgesetzes von hauptstädtischen Bankiers mehrfach die Einrichtung sogenannter Kundendepots getroffen worden, hinsichtlich deren das Pfandrecht des hauptstädtischen Bankiers auf seine Ansprüche wegen solcher Forderungen beschränkt ist, die mit Bezug auf die in das Kundendepot gelangten Wertpapiere entstanden sind. Daneben besteht dann ein Eigendepot, welches dem hauptstädtischen Bankier für alle seine Forderungen gegenüber dem Provinzialbankier haftet.

5. Zweck und Inhalt des Gesetzes.

Der Zweck des Gesetzes besteht nicht darin und kann nicht darin bestehen, dem Publikum seinen Besitz an Wertpapieren gegen alle Fährlichkeiten zu sichern, weil ein solcher Schutz außerhalb des Bereichs der Möglichkeit liegen würde und insbesondere auch gegen Unredlichkeiten und Veruntreuungen ebensowenig gewährt werden kann, wie die bürgerliche Rechtsordnung und das Strafgesetz vor Verbrechen sichern. Was das Gesetz beabsichtigt, ist vielmehr das: das Publikum über die Tragweite seiner im Bankverkehr abgeschlossenen Geschäfte aufzuklären; den Geschäften die Rechtsform zu geben, die dem unverfälschten Willen der Parteien entspricht; zu verhindern, daß die Wertpapiere des Publikums ohne genügende wirtschaftliche Rechtfertigung als Unterlage für den Geschäftsbetrieb der Bankiers benutzt werden.

Die Bestimmungen des Gesetzes bewegen sich auf gewerbepolizeilichem, zivil- und strafrechtlichem Gebiete. Das Gesetz ist vor allem bestrebt, dafür zu sorgen, daß die Eigentumsverhältnisse an den im Depot befindlichen Wertpapieren zu jeder Zeit und in jedem Stadium des geschäftlichen Verkehrs klar liegen. Für die Wahrung der Vermögensinteressen des Publikums ist dieser Punkt von der größten Wichtigkeit, da von der Feststellung, ob der Kunde Eigentümer der beim Bankier im Depot befindlichen Stücke ist, es im Falle des Konkurses des Bankiers abhängt, ob jener ein Aussonderungsrecht oder nur einen persönlichen Anspruch an die Masse geltend machen kann.

Zu dem Zweck ist folgendes bestimmt:

I. Für den Verwahrungs- und Verpfändungsvertrag — mit oder ohne Verwaltungsauftrag —

1. Der Empfänger (Verwahrer, Pfandgläubiger) ist verpflichtet,

a) die ihm übergebenen Wertpapiere unter äußerlich erkennbarer Bezeichnung des Hinterlegers oder Verpfänders gesondert von seinen eigenen Beständen und von denen Dritter aufzubewahren;

b) ein Handelsbuch zu führen, in welches die Wertpapiere jedes Hinterlegers oder Verpfänders nach Gattung, Nennwert, Nummern oder sonstigen Unterscheidungsmerkmalen der Stücke einzutragen sind, oder worin auf Verzeichnisse Bezug zu nehmen ist, welche neben dem Handelsbuche geführt werden.

Die Vorschrift unter b soll das Eigentum der Depotkunden auch dann außer Zweifel stellen, wenn die gesonderte Aufbewahrung durch Unordentlichkeit, Handlungen Dritter, Zufälligkeiten aller Art, wie sie auch ohne Verschulden des Bankiers vorkommen können, beseitigt wird.*)

---

*) In der Begründung ist (S. 76) des Näheren ausgeführt, weshalb davon abgesehen worden ist, dem Verwahrer die Verpflichtung zur Übersendung eines Stücke-

2. Das Gesetz stellt in betreff dieser Geschäfte für den Verkehr des Bankiers mit dem Publikum eine Rechtsvermutung dahin auf, daß das Eigentum an den in Depot gegebenen Stücken bei dem Hinterleger oder Verpfänder bleiben solle. Das als unregelmäßiger Verwahrungsvertrag bezeichnete Rechtsverhältnis, wobei der Empfänger Eigentümer

---

verzeichnisses der hinterlegten und verpfändeten Papiere an den Eigentümer aufzuerlegen. Eine solche Verpflichtung würde sich — so heißt es daselbst — für die Banken, namentlich für den Lombardverkehr, als äußerst lästig erweisen. Da im Lombard das Unterpfand sehr häufig — bisweilen annähernd täglich — zu wechseln pflegt, so müßte entweder das Stückeverzeichnis beständig geändert werden, was die Klarheit und Übersichtlichkeit desselben und damit der Eigentumsverhältnisse beeinträchtigen würde, oder es würden in ganz kurzen Zwischenräumen immer neue Stückeverzeichnisse ausgestellt werden müssen, was den Banken namentlich bei gesteigertem Geschäftsgange eine fast unerträgliche Arbeitslast auferlegen würde. Erwägt man demgegenüber, daß der Eigentümer in den hier behandelten Fällen des einfachen Depots die Stücke fast ausnahmslos in seinem Gewahrsam hat, ehe sie in das Depot des Verwahrers gelangen, daß er also in der Lage ist, sich ein Verzeichnis derselben selbst anzufertigen, und daß er schließlich, wenn er ganz sicher gehen will, die Richtigkeit des seinerseits aufgestellten Stückeverzeichnisses durch den Bankier bestätigen lassen kann, so kann der Nutzen der Mitteilung von Stückeverzeichnissen durch den Verwahrer an den Verpfänder oder Hinterleger für nicht so wesentlich erachtet werden, um die aus einer solchen Vorschrift erwachsende Erschwernis des Bankgeschäfts zu rechtfertigen.

der Papiere und der Hinterleger oder Verpfänder auf einen Forderungsanspruch beschränkt wird, kann rechtsgültig nur durch eine entsprechende schriftliche und ausdrückliche, für das einzelne Geschäft abgegebene Erklärung dieses letzteren begründet werden.

3. Der Bankier bedarf einer in dieser Form abgegebenen Ermächtigung des Kunden ferner auch, wenn er im Falle eines regelmäßigen Depots über Wertpapiere des Depotkunden zu seinem Nutzen verfügen will, während er im Interesse des Kunden Verfügungen und Verwaltungshandlungen, zu denen er berechtigt oder verpflichtet ist, ohne weiteres vornehmen kann, selbst wenn dadurch die gesonderte Aufbewahrung der Papiere unterbrochen werden muß.

4. Für die unter 2. und 3. erwähnten Erklärungen braucht eine besondere Form nicht beobachtet zu werden, wenn der Hinterleger oder Verpfänder gewerbsmäßig Bank- oder Geldwechslergeschäfte betreibt.

II. Für die Einkaufs- und Umtauschkommission.

1. Der Einkaufskommissionär ist verpflichtet, dem Kommittenten binnen drei Tagen ein Verzeichnis der Stücke mit Angabe der Gattung, des Nennwerts, der Nummern oder sonstiger Unterscheidungsmerkmale zu übersenden. Die Frist beginnt, wenn

der Kommissionär bei der Ausführungsanzeige einen Dritten als Verkäufer namhaft gemacht hat, mit dem Erwerb der Stücke, andernfalls mit dem Ablauf des Zeitraums, innerhalb dessen der Kommissionär nach der Erstattung der Ausführungsanzeige die Stücke bei ordnungsmäßigem Geschäftsgange ohne schuldhafte Verzögerung beziehen konnte.

2. Der Kommissionär, der einen Auftrag zum Umtausche von Wertpapieren oder zur Geltendmachung eines Bezugsrechts auf Wertpapiere ausführt, hat dem Kommittenten binnen zwei Wochen nach Empfang der neuen Stücke ein Stückeverzeichnis zu übersenden.

3. Mit der Absendung des Stückeverzeichnisses geht das Eigentum an den Stücken auf den Kommittenten über, sofern es nicht nach den Bestimmungen des bürgerlichen Rechts bereits zu einem früheren Zeitpunkt auf ihn übergegangen ist. Vom Zeitpunkte des Eigentumsübergangs auf den Kommittenten ab liegen dem Kommissionär hinsichtlich der in seinem Gewahrsam befindlichen Wertpapiere die Pflichten eines Verwahrers ob.

4. Die Übersendung des Stückeverzeichnisses kann unterbleiben, wenn die Stücke innerhalb der dafür bestimmten Frist an den Kommittenten ausgehändigt sind, oder ein Auftrag des Kommittenten zur Wiederveräußerung ausgeführt ist.*)

*) Dies letztere ist zwar nur für die Einkaufskommission vorgeschrieben, wird aber auch für den Fall des Umtausches von Wertpapieren zu gelten haben.

5. Bei der Umtauschkommission kann formlos auf das Stückeverzeichnis verzichtet werden. Bei der Einkaufskommission ist solcher formloser Verzicht nur zulässig, wenn der Kommittent gewerbsmäßig Bank- oder Geldwechslergeschäfte betreibt. Andernfalls ist der Verzicht des Kommittenten nur wirksam, wenn er bezüglich des einzelnen Auftrags ausdrücklich und schriftlich erklärt ist.

6. Für die Nichtübersendung des Stückeverzeichnisses sind bei der Einkaufs- und bei der Umtauschkommission verschiedene Rechtsnachteile angedroht. Der Umtauschkommissionär verliert das Recht, für die Ausführung des Auftrags Provision zu fordern. Gegenüber dem Einkaufskommissionär kann der Kommittent das Geschäft als nicht für seine Rechnung geschlossen zurückweisen und Schadenersatz wegen Nichterfüllung beanspruchen. Dabei ist aber Voraussetzung, daß der Kommittent den säumigen Kommissionär auffordert, die Übersendung des Stückeverzeichnisses nachzuholen, daß dieser der Aufforderung des Kommittenten binnen drei Tagen nicht nachkommt, und daß der Kommittent binnen drei Tagen nach Ablauf der Nachholungsfrist dem Kommissionär erklärt, von seinem Rechte Gebrauch machen zu wollen.

III. Eine weitere Bestimmung des Gesetzes bezweckt, das Publikum gegen die Gefahren zu sichern, die aus der Beteiligung mehrerer Bankiers an den Bankgeschäften erwachsen (Abschnitt 4). Um dagegen Vorkehrung zu treffen, daß die in den Besitz des hauptstädtischen Bankiers gelangenden Wertpapiere der Kunden des Provinzialbankiers jenem als Pfand für seine Forderungen an den Provinzialbankier haften, verpflichtet das Gesetz den Kaufmann, der in seinem Geschäftsbetriebe fremde Wertpapiere einem Dritten zum Zweck der Aufbewahrung, der Veräußerung, des Umtausches oder des Bezuges von anderen Wertpapieren, Zins- oder Gewinnanteilscheinen ausantwortet, diesem dritten mitzuteilen, daß die Papiere fremde seien, und den Kaufmann, der einen ihm erteilten Auftrag zur Anschaffung von Wertpapieren an einen Dritten weitergibt, ihm mitzuteilen, daß die Anschaffung für fremde Rechnung geschehe. Diese Mitteilung hat die rechtliche Folge, daß der Dritte an den übergebenen oder an den neu beschafften Papieren ein Pfand- oder ein Zurückbehaltungsrecht nur wegen solcher Forderungen an seinen Auftraggeber geltend machen kann, die mit Bezug auf diese Papiere entstanden sind.

IV. Die strafrechtlichen Bestimmungen des Gesetzes bezwecken die Sicherung der vorerwähnten gewerbepolizeilichen und zivilrechtlichen Vorschriften.

Das Gesetz hat davon abgesehen, die Erfüllung der dem Verwahrer und Pfandgläubiger in betreff der gesonderten Verwahrung und der Buchung der Depots, dem Kommissionär in betreff der Übersendung des Stückeverzeichnisses an den Kommettentin auferlegten Pflichten dadurch zu sichern, daß deren Nichtbeobachtung als gewerbepolizeiliches Vergehen unter Strafe gestellt werde.*). Dagegen erkennt es, indem es an die in § 239 Ziff. 3 und 4 und § 240 Ziff. 3 und 4 der Konkursordnung umschriebenen

---

*) Entscheidend hierfür war die Erwägung, „daß eine gewerbepolizeiliche Strafbestimmung nur dann wirkungsvoll sein könnte, wenn die geschäftliche Tätigkeit der Banken einer regelmäßigen polizeilichen Revision unterworfen würde, wie solche in der Presse mehrfach gefordert worden ist. Die Einführung einer polizeilichen Kontrolle erscheint indessen völlig unangebracht. Zunächst liegt auf der Hand, daß die Durchführung einer solchen Kontrolle eine kaum zu bewältigende Aufgabe sein und daß es schwer halten würde, das für diese Aufgabe geeignete Personal zu finden.

Auch an und für sich betrachtet aber kann aus beklagenswerten Vergehen einzelner kein Grund entnommen werden, einen Gewerbebetrieb, welcher vorzugsweise in den Händen hochangesehener Mitglieder des Handelsstandes ruht, einer mit den Grundsätzen unserer Gewerbegesetzgebung nicht vereinbarlichen und von derselben bisher nur ganz ausnahmsweise (§ 38 der GO.) aus hier nicht zutreffenden Gesichtspunkten zugelassenen Maßregel zu unterwerfen.

Gegen eine gewerbepolizeiliche Strafbestimmung der gedachten Art spricht überdies auch der Umstand, daß eine solche von unzufriedenen Angestellten der Banken sowie von dem durch Vermögensverluste im Bank- und Börsengeschäft betroffenen Publikum nicht selten in schikanöser Weise ausgebeutet werden würde." (Begründung S. 86.)

Tatbestände anknüpft, der Verletzung der gedachten Pflichten des Verwahrers und des Kommissionärs unter der Voraussetzung strafrechtliche Bedeutung zu, daß sich daraus beim Konkurse oder der Zahlungseinstellung dieser Kaufleute eine Benachteiligung der Depotkunden ergibt. In diesem Sinne bestimmt der § 10 des Gesetzes, daß ein Kaufmann, welcher seine Zahlungen eingestellt hat, oder über dessen Vermögen das Konkursverfahren eröffnet worden ist, mit Gefängnis bis zu zwei Jahren zu bestrafen sei, wenn er den Vorschriften des § 1 Ziff. 1 oder 2 vorsätzlich zuwidergehandelt hat, und dadurch der Berechtigte bezüglich des Anspruchs auf Aussonderung der von jenem zu verwahrenden Wertpapiere benachteiligt wird, desgleichen wenn er als Kommissionär den Vorschriften wegen Übersendung des Stückeverzeichnisses vorsätzlich zuwidergehandelt hat, und dadurch der Berechtigte bezüglich des Anspruchs auf Aussonderung der von jenem angekauften, eingetauschten oder bezogenen Wertpapiere benachteiligt ist.

Auch dazu hat sich der Gesetzgeber nicht verstehen können, der verschiedentlich gegebenen Anregung, Depotunterschlagungen unter Zuchthausstrafe zu stellen, völlig zu entsprechen.*) Doch ist diesem

---

*) Die Begründung läßt sich hierzu folgendermaßen aus (S. 84):

In der Tagespresse ist mehrfach angeregt worden, Depotunterschlagungen unter Zuchthausstrafe zu stellen.

Wunsche in beschränkter Weise Rechnung getragen worden, indem im § 11 des Gesetzes Zuchthausstrafe für den Fall angedroht ist, daß durch Hinzutreten des Konkurses oder der Zahlungseinstellung des Täters die Veruntreuungen einen besonders

---

Die gleiche Forderung erhebt der in dem Reichstag eingebrachte Antrag des Abgeordneten Dr. von Cuny (vom 20. November 1891, Drucksachen, 8. Legislaturperiode, I. Session 1890/92, Nr. 531). Für eine derartige Strafschärfung sprechen in der Tat verschiedene Momente. Von einem Kaufmann, welcher berufsmäßig Depotgeschäfte macht, pflegt eine besondere Vertrauenswürdigkeit erwartet zu werden. Der Mißbrauch dieser Vertrauensstellung durch Veruntreuung der im Hinblick auf dieselbe anvertrauten Wertpapiere bekundet einen verbrecherischen Willen schlimmster Art. Dazu tragen Depotunterschlagungen, namentlich wenn sie in größerem Umfange stattfinden, den Charakter großer Gemeingefährlichkeit an sich, nicht allein durch die Schädigung der von der Unterschlagung Betroffenen, sondern insbesondere auch, indem sie Mißtrauen bei dem Publikum erwecken, auf Handel und Wandel lähmend einwirken und das wirtschaftliche Leben ungünstig beeinflussen.

Andererseits fällt ins Gewicht, daß die Bedrohung der Depotunterschlagungen mit Zuchthaus mit dem Strafensystem des StGB. nicht im Einklange stehen und zu einem Mißverhältnis nicht nur gegenüber anderen Vergehen führen würde, sondern auch gegenüber sonstigen Arten der Unterschlagung, welche, wie die Veruntreuung von Mündelgeldern, Sparkasseneinlagen und ähnliche, einen nicht minder groben Vertrauensbruch darstellen und nicht minder strafwürdig erscheinen wie Depotunterschlagungen.

gemeingefährlichen Charakter annehmen, und ein innerer Zusammenhang zwischen den Unterschlagungen und dem Konkurse oder der Zahlungseinstellung dadurch gegeben ist, daß der Kaufmann die Depotveruntreuungen im Bewußtsein seiner Zahlungsunfähigkeit oder Überschuldung begangen hat.

Das Gesetz hat sich endlich die Aufgabe gestellt, den Begriff der Unterschlagung, der sich, wie S. 30 gezeigt, als lückenhaft erwiesen hat, dadurch zu erweitern, daß auch solche rechtswidrige Verfügungen eines Kaufmanns über Depots zum eigenen Nutzen oder zum Nutzen eines Dritten, die den Tatbestand des § 246 nicht darstellen, mit Strafe bedroht werden (Gefängnis bis zu einem Jahre und Geldstrafe bis 3000 Mark oder eine der beiden Strafen). Den Tatbestand dieses Vergehens bildet namentlich die zum Nutzen des Verwahrers erfolgende Verpfändung von Depots oder ihre Benutzung zu Reportgeschäften ohne die gemäß § 2 zu erklärende Ermächtigung des Eigentümers. Die gleiche Strafe ist schließlich für denjenigen vorgesehen, welcher der Vorschrift des § 8 über die Anzeigepflicht bei Übersendung fremder Wertpapiere zu eigenem Nutzen oder zum Nutzen eines Dritten vorsätzlich zuwiderhandelt.

11.

Gesetz,

betreffend

die Pflichten der Kaufleute bei Aufbewahrung fremder Wertpapiere.

Vom 5. Juli 1896.

(RGBl. S. 183 und 194.)

§ 1[1].

Ein Kaufmann[2]), welchem im Betriebe seines Handelsgewerbes[3]) Aktien, Kuxe, Interimsscheine[4]), Erneuerungsscheine (Talons)[5]), auf den Inhaber lautende oder durch Indossament übertragbare Schuldverschreibungen[6]), oder vertretbare andere Wertpapiere mit Ausnahme von Banknoten und Papiergeld[7]) unverschlossen[8]) zur Verwahrung oder als Pfand übergeben sind, ist verpflichtet:

1. diese Wertpapiere unter äußerlich erkennbarer Bezeichnung jedes Hinterlegers oder Verpfänders gesondert von seinen eigenen Beständen und von denen Dritter aufzubewahren[9]),
2. ein Handelsbuch zu führen, in welches die Wertpapiere jedes Hinterlegers oder Verpfänders nach Gattung, Nennwert, Nummern

oder sonstigen Unterscheidungsmerkmalen der Stücke einzutragen sind; der Eintragung steht die Bezugnahme auf Verzeichnisse gleich, welche neben dem Handelsbuche geführt werden. Die Eintragung kann unterbleiben, insoweit die Wertpapiere zurückgegeben sind, bevor die Eintragung bei ordnungsmäßigem Geschäftsgange erfolgen konnte[10]).

Etwaige Rechte und Pflichten des Verwahrers oder Pfandgläubigers, im Interesse des Hinterlegers oder Verpfänders Verfügungen oder Verwaltungshandlungen vorzunehmen, werden durch die Bestimmung unter Ziffer 1 nicht berührt[11]).

Zu § 1.

[1]) § 1 handelt von den einfachen Formen des kaufmännischen Depotgeschäfts, dem Verwahrungs- und Verpfändungsvertrage, mit denen oft der Auftrag zur Verwaltung des Depots verbunden ist. (Einleitung S. 13.)

Das Gesetz beabsichtigt keine zivilrechtliche Regelung dieser Rechtsgeschäfte, sondern läßt es hierin bei den geltenden Bestimmungen*) bewenden. Die Vorschriften, die es im § 1 trifft, — Verpflichtung des Verwahrers und Pfandgläubigers zu gesonderter Verwahrung und

*) Über die rechtliche Natur der im § 1 behandelten Geschäfte vgl. Einleitung S. 14—16. Maßgebend sind für den Verwahrungsvertrag die §§ 688—700, für die Verpfändung die das Pfandrecht an beweglichen Sachen behandelnden §§ 1204—1272 des BGB. Eine Darstellung der hier in Betracht kommenden Vorschriften des bürgerlichen Rechts liegt außerhalb des Rahmens dieses Kommentars.

buchmäßiger Festhaltung des Depots — liegen auf gewerbepolizeilichem Gebiete, doch besteht insofern ein Zusammenhang mit zivilrechtlichen Bestimmungen, als unter gewissen, auf dem Gebiete des Zivilrechts liegenden Voraussetzungen von der Beobachtung dieser gewerbepolizeilichen Vorschriften abzusehen ist.

Daraus, daß die durch § 1 für den Verwahrer und Pfandgläubiger begründeten Pflichten gewerbepolizeilicher Art, also Vorschriften des öffentlichen Rechts sind, folgt, daß sie durch Abmachungen der Parteien weder geändert noch beseitigt werden können*): ebensowenig wie etwa die Verpflichtung eines Kaufmanns zur Buchführung durch Verzicht seiner Gläubiger und Schuldner beseitigt werden könnte. Dieser Grundsatz kommt aber insoweit nicht zur Anwendung, als das Gesetz privatrechtlichen Akten ausdrücklich die Wirksamkeit beilegt, daß dadurch die Pflichten des Verwahrers und Pfandgläubigers aus § 1 aufgehoben oder eingeschränkt werden. In dieser Beziehung kommen in Betracht:

a) Verfügungen und Verwaltungshandlungen, die der Verwahrer oder Pfandgläubiger im Interesse des Hinterlegers oder Verpfänders vorzunehmen berechtigt oder verpflichtet ist — § 1 Abs. 2 — (vgl. Anm. 11 zu § 1);

b) die nach § 2 zugelassenen Ermächtigungen (vgl. § 2 und Anm. 1 daselbst).

Der Verkaufskommissionär ist hinsichtlich der ihm zum Verkaufe übergebenen Papiere nicht als Verwahrer anzusehen (Begründung S. 82). Er ist daher den Verpflichtungen des § 1 nicht unterworfen, auch wenn sich die Ausführung der Verkaufskommission, was namentlich bei limitiertem Auftrage vorkommt, längere Zeit hinzieht. Anders verhält es sich natürlich wenn ein Bankier beauftragt wird, Wertpapiere, die er bereits in Depot hat, zu

*) Jus publicum privatorum pactis mutari non potest.

verkaufen. In diesem Falle hat er die Pflichten des § 1 bis zur Ausführung der Kommission zu erfüllen.

²) Die im Depotgesetze behandelten Rechtsgeschäfte kommen hauptsächlich im Geschäftsbetriebe der Banken vor. Trotzdem beschränkt das Gesetz seine Wirksamkeit nicht auf Bankiers, sondern umfaßt auch die übrigen Kaufleute, weil einerseits der Begriff Bankier, obschon dem Handelsgesetzbuche nicht fremd (vgl. § 1 Ziff. 4, § 367), darin nicht abgegrenzt ist, andererseits die hier in Frage stehenden Geschäfte auch außerhalb des Bankbetriebes im kaufmännischen Verkehr vorkommen können und vorkommen (Begründung S. 75).

Nach § 1 des Handelsgesetzbuchs ist Kaufmann derjenige, der ein Handelsgewerbe betreibt. Im Abs. 2 das. sind eine Anzahl von Gewerbebetrieben bezeichnet, die stets als Handelsgewerbe gelten und für den Unternehmer die Eigenschaft als Kaufmann von selbst zur Folge haben. Es sind dies:

1. die Anschaffung und Weiterveräußerung von beweglichen Sachen (Waren) oder Wertpapieren, ohne Unterschied, ob die Waren unverändert oder nach einer Bearbeitung oder Verarbeitung weiter veräußert werden;
2. die Übernahme der Bearbeitung oder Verarbeitung von Waren für andere, sofern der Betrieb über den Umfang des Handwerks hinausgeht;
3. die Übernahme von Versicherungen gegen Prämie;
4. die Bankier- und Geldwechslergeschäfte;
5. die Übernahme der Beförderung von Gütern oder Reisenden zur See, die Geschäfte der Frachtführer oder der zur Beförderung von Personen zu Lande oder auf Binnengewässern bestimmten Anstalten sowie die Geschäfte der Schleppschifffahrtsunternehmer;
6. die Geschäfte der Kommissionäre, der Spediteure oder der Lagerhalter;

7. die Geschäfte der Handlungsagenten oder der Handelsmäkler;
8. die Verlagsgeschäfte sowie die sonstigen Geschäfte des Buch- oder Kunsthandels;
9. die Geschäfte der Druckereien, sofern ihr Betrieb über den Umfang des Handwerks hinausgeht.

Diese Gewerbebetriebe erschöpfen aber den Kreis der Kaufleute nicht, sondern ergänzend bestimmt § 2 des HGB., daß auch jedes andere gewerbliche Unternehmen, das nicht unter die im § 1 Abs. 2 besonders aufgeführten fällt, dann als Handelsgewerbe gilt, wenn es nach Art und Umfang einen in kaufmännischer Weise eingerichteten Geschäftsbetrieb erfordert und wenn die Firma des Unternehmers in das Handelsregister eingetragen ist. Liegt die erste Voraussetzung vor, so ist der Unternehmer verpflichtet, die Eintragung der Firma ins Handelsregister herbeizuführen. In den Fällen des § 2 des HGB. beginnt die Kaufmannseigenschaft erst mit der Eintragung, während sie bei den im § 1 bezeichneten Gewerben die unmittelbare Folge des Betriebs des Gewerbes ist und vorliegt, auch bevor die Eintragung herbeigeführt ist. Endlich sind die Inhaber land- und forstwirtschaftlicher Nebengewerbe, in denen Geschäfte der im § 1 bezeichneten Art geschlossen werden oder die nach Art und Umfang einen in kaufmännischer Weise eingerichteten Geschäftsbetrieb erfordern, berechtigt, aber nicht verpflichtet, ihre Firma ins Handelsregister eintragen zu lassen. Wenn sie von dieser Befugnis Gebrauch machen, so erwerben sie — und zwar mit dem Zeitpunkte der Eintragung — die Kaufmannseigenschaft (HGB. § 3).

Den Kaufleuten sind die Handelsgesellschaften gleichgestellt (HGB. § 6), die demnach auch den Bestimmungen des Depotgesetzes unterworfen sind, insbesondere auch Aktiengesellschaften und Kommanditgesellschaften auf Aktien, ferner eingetragene Genossenschaften (Gesetz vom 1. Mai 1889 — neue Fassung RGBl. 1898 S. 810)

Gesellschaften mit beschränkter Haftung (Gesetz vom 20. April 1892 — neue Fassung RGBl. 1898 S. 868).

Auf die sogenannten Minderkaufleute findet das Gesetz keine Anwendung (vgl. § 13).

[3]) Nach § 344 des HGB. gelten die von einem Kaufmanne vorgenommenen Rechtsgeschäfte im Zweifel als zum Betriebe seines Handelsgewerbes gehörig.

[4]) Im HGB. sind Interimsscheine definiert als Anteilscheine, die den Aktionären vor der Ausgabe der Aktien ausgestellt werden (§ 179 Abs. 3). Sie dürfen nicht auf Inhaber lauten und vor der Eintragung der Gesellschaft in das Handelsregister nicht ausgegeben werden (daselbst § 200 Abs. 2).

[5]) Erneuerungsschein (Talon) ist das zu einer Aktie gehörige Legitimationspapier, auf Grund dessen die Gewinnanteilscheine ausgehändigt werden. Während der Talon nicht als Inhaberpapier angesehen wird, sondern als bloßes Legitimationspapier, ist der Gewinnanteilschein, der auch bei Namenpapieren auf den Inhaber gestellt zu werden pflegt, ein wahres Inhaberpapier.

[6]) Hierunter fallen die sogenannten kaufmännischen Anweisungen und Verpflichtnngsscheine, welche von Kaufleuten über die Leistung von Geld, Wertpapieren oder anderen vertretenen Sachen ausgestellt sind, ohne daß darin die Leistung von einer Gegenleistung abhängig gemacht ist, und die durch Indossament übertragen werden können, wenn sie an Order lauten (§ 363 des HGB.), dagegen nicht die im Abs. 2 daselbst aufgeführten, ebenfalls indossablen Papiere, Konnossemente der Seeschiffer, Ladescheine der Frachtführer, Lagerscheine der staatlich zu deren Ausstellung ermächtigten Anstalten usw., ebensowenig Wechsel (Begründung S. 87).

[7]) Die Hingabe von Geld ist nicht in die Regelung einbezogen, weil der Wille der Parteien hierbei nicht auf die Begründung eines regelmäßigen Depots gerichtet zu sein pflegt. Das gleiche gilt von Papiergeld, dessen Er-

wähnung im Gesetzestexte auf einen Beschluß der Reichstagskommission zurückzuführen ist (Komm.B. S. 2). — Auch Banknoten sind den Bestimmungen des Gesetzes nicht unterworfen. Obschon sie rechtlich kein Geld sind, auch nicht Papiergeld, sondern Anweisungen auf Geld, so ist es doch ihre wirtschaftliche Bestimmung, an Stelle des Geldes zu treten. Demzufolge pflegt auch bei Banknoten der Wille der Beteiligten nicht auf Aufbewahrung individueller Stücke gerichtet zu sein.

[8]) Das Gesetz beschränkt sich auf sogenannte offene Depots, weil über Rechte und Pflichten des Verwahrers eines verschlossen hingegebenen Depots keine Zweifel hervorgetreten sind (Begründung S. 87).

[9]) Das Gesetz spricht eine Verpflichtung des Verwahrers und Pfandgläubigers, die in Verwahrung genommenen Wertpapiere in seinen Räumen und seinen Tresors aufzubewahren, nicht aus. Wenn nun auch aus dem Wesen des Verwahrungsvertrages, der auf dem besonderen Vertrauen des Hinterlegers zum Verwahrer beruht, im Zweifel der Wille der Parteien dahin zu folgern sein wird, daß die Aufbewahrung bei dem Verwahrer stattfinden solle,*) so sind doch gegenteilige Abmachungen über die Aufbewahrung bei einem Dritten — etwa einer Sammelstelle — jedenfalls zulässig. Insoweit durch solche Abmachungen dem Verwahrer und Pfandgläubiger nicht zugleich eine Ermächtigung gewährt wird, über das Depot zu seinem Nutzen zu verfügen (§ 2 des Gesetzes), sind sie an eine bestimmte Form nicht gebunden.

[10]) Die buchmäßige Festhaltung des Depots kann nach der Bestimmung der Ziffer 2 in verschiedener Weise erfolgen:

---

*) Nach § 691 des BGB. ist der Verwahrer im Zweifel nicht berechtigt, die hinterlegte Sache bei einem Dritten zu hinterlegen.

entweder durch Führung eines Depotbuchs, in das die Wertpapiere jedes Hinterlegers oder Verpfänders nach Gattung, Nennwert, Nummern oder sonstigen Unterscheidungsmerkmalen der Stücke eingetragen werden,

oder durch Führung eines Depotbuchs, worin nur die Depotkunden ersichtlich gemacht sind, und in betreff der Spezialisierung der Stücke auf Verzeichnisse Bezug genommen wird, die daneben geführt werden,

oder endlich durch Hinweis auf solche Verzeichnisse in dem die Konten der einzelnen Eigentümer enthaltenden Handelsbuche, also ohne Führung eines besonderen Depotbuchs.

Die neben den kaufmännischen Büchern zu führenden Verzeichnisse, in denen die Wertpapiere so spezialisiert sein müssen, daß über ihre Identität kein Zweifel entstehen kann, sind zur Erleichterung des Bankgeschäfts zugelassen: es soll dadurch den Bankiers die Möglichkeit gegeben werden, die Aufzeichnung der Nummern auf ihre Kunden abzuwälzen, indem sie die Annahme von Depots von der Beifügung von Stückverzeichnissen abhängig machen.

Für die Führung von Depotbüchern sind die Bestimmungen des Handelsgesetzbuchs über die Führung von Handelsbüchern maßgebend: sie müssen den Anforderungen entsprechen, die im § 43 daselbst an die äußere Form der Handelsbücher gestellt sind und während zehn Jahre, vom Tage der letzten Eintragung an gerechnet, aufbewahrt werden (HGB. § 44).

[11]) Von der Bestimmung unter Ziffer 1, also nur von der Pflicht zu gesonderter Aufbewahrung, ist der Verwahrer und Pfandgläubiger insoweit entbunden, als er berechtigt oder verpflichtet ist, im Interesse des Hinterlegers oder Verpfänders an dem Depot Verfügungen oder Verwaltungshandlungen vorzunehmen.

Die Vornahme von Verwaltungshandlungen kommt in Frage, wenn mit der Hinterlegung oder der

Verpfändung der Wertpapiere ein Auftrag zu ihrer Verwaltung verbunden ist. Nach dem Inhalt des Auftrags bemißt sich Recht und Pflicht zu diesen Handlungen. Insoweit danach dem Bankier Handlungen obliegen, die eine Unterbrechung der gesonderten Aufbewahrung erheischen, wie Versendung der Papiere zum Zwecke der Abstempelung (bei Konvertierungen) oder des Bezuges neuer Stücke, darf er von der Verpflichtung unter Ziffer 1 abweichen.

Aus dem Wesen des Verwahrungs- und ebenso des Verpfändungsvertrags folgt für den Verwahrer und Pfandgläubiger die Verpflichtung, um die Erhaltung und Sicherung der in seiner Verwahrung befindlichen Sache besorgt zu sein. Zu Verfügungen über die Sache, die diesem Zwecke dienen und somit im Interesse des Eigentümers liegen, bedarf er keines besonderen Auftrags des letzteren. Dieser Rechtsgrundsatz hat im BGB. (§ 692) in der Bestimmung Ausdruck gefunden, daß der Verwahrer berechtigt ist die vereinbarte Art der Aufbewahrung zu ändern, wenn er den Umständen nach annehmen darf, daß der Hinterleger bei Kenntnis der Sachlage die Änderung billigen würde. Das Depotgesetz trägt dem Rechnung, indem es den Verwahrer und Pfandgläubiger ermächtigt, die gesonderte Aufbewahrung hinterlegter oder verpfändeter Wertpapiere insoweit zu unterbrechen, als solche im Interesse des Hinterlegers oder Pfandgläubigers liegende Verfügungen die Unterbrechung erfordern. Als Beispiel wird in der Begründung (S. 77) der Fall angezogen, daß die Hinterlegung des Depots bei einem Dritten geboten ist, um es bei Aufruhr, Feuersgefahr, Wassersnot und ähnlichen Ereignissen zu sichern.

Die Abweichung von der Bestimmung der Ziffer 1 darf nicht weiter gehen, als sie zur Ausführung der Verwaltungshandlungen und Verfügungen notwendig ist. Wenn insbesondere die Tatsachen aufhören, die die Unterbrechung der gesonderten Verwahrung veranlaßten, so ist diese alsbald wieder herzustellen.

Eine Abweichung von der Bestimmung der Ziffer 2 wird durch die im Absatz 2 erwähnten Verfügungen und Verwaltungshandlungen nicht gerechtfertigt. Der Verwahrer und Pfandgläubiger ist daher auch in Fällen, in denen nach Absatz 2 die gesonderte Aufbewahrung unterbrochen werden darf, zur buchmäßigen Festhaltung der Depots verbunden, so daß auch in solchen Fällen das Eigentum der einzelnen Hinterleger und Verpfänder offensichtlich erhalten und dadurch nach Möglichkeit gesichert wird.

Darüber, daß der Verwahrer und Pfandgläubiger, der in Fällen des Abs. 2 in seiner Verwahrung befindliche Wertpapiere einem Dritten ausantwortet, dabei zu erklären hat, daß sie fremde seien, vgl. § 8 des Gesetzes.

§ 2[1]).

Eine Erklärung des Hinterlegers oder Verpfänders, durch welche der Verwahrer oder Pfandgläubiger ermächtigt wird, an Stelle hinterlegter oder verpfändeter Wertpapiere der im § 1 bezeichneten Art gleichartige Wertpapiere zurückzugewähren oder über die Papiere zu seinem Nutzen zu verfügen, ist, falls der Hinterleger oder Verpfänder nicht gewerbsmäßig Bank- oder Geldwechslergeschäfte betreibt[2]), nur gültig, soweit sie für das einzelne Geschäft ausdrücklich und schriftlich abgegeben wird[3]).

Wird der Verwahrer oder Pfandgläubiger ermächtigt, an Stelle hinterlegter oder verpfändeter Wertpapiere der im § 1 bezeichneten Art gleich-

artige Wertpapiere zurückzugewähren, so finden die Bestimmungen des § 1 keine Anwendung[4])[5]).

Zu § 2.

[1]) Im Regierungsentwurf hatte der § 2 folgende Fassung:

> Eine Erklärung des Hinterlegers oder Verpfänders, durch welche der Verwahrer oder Pfandgläubiger ermächtigt wird, an Stelle hinterlegter oder verpfändeter Wertpapiere der im § 1 bezeichneten Art gleichartige Wertpapiere zurückzugewähren oder über die Papiere zu seinem Nutzen zu verfügen, ist nur gültig, soweit sie für das einzelne Geschäft ausdrücklich und schriftlich abgegeben ist. In diesem Falle finden die Bestimmungen des § 1 keine Anwendung.

Diese Bestimmung behandelte ausschließlich den Fall des unregelmäßigen Verwahrungsvertrages, und ihre Bedeutung war die:

1. daß ein unregelmäßiger Verwahrungsvertrag, d. h. das Rechtsverhältnis, wobei der Verwahrer oder Pfandgläubiger der Eigentümer der ihm übergebenen Wertpapiere wird, während der Hinterleger und Verpfänder auf einen Forderungsanspruch auf die gleiche Menge gleichartiger Papiere beschränkt ist, und bei dem infolgedessen dem Empfänger die Pflichten des § 1 nicht obliegen, nur durch eine für das einzelne Geschäft ausdrücklich und schriftlich abgegebene Erklärung des Hinterlegers oder Verpfänders begründet werden könne,

2. daß als solche Erklärungen die dem Empfänger erteilten Ermächtigungen zu gelten haben, daß er an Stelle der hinterlegten oder verpfändeten Wertpapiere gleichartige zurückgewähren solle oder daß er über die Papiere zu seinem Nutzen verfügen dürfe,

3. daß der Empfänger über die hinterlegten oder verpfändeten Papiere nur dann zu seinem Nutzen verfügen

dürfe, wenn ein unregelmäßiger Verwahrungsvertrag formgerecht begründet worden ist.

Der Reichstag hat auf Grund der Beschlüsse seiner Kommission diese Bestimmung in zweifacher Hinsicht abgeändert: einerseits ist von der für die Erklärungen vorgesehenen besonderen Form abgesehen, wenn der Hinterleger oder Verpfänder gewerbsmäßig Bank- oder Geldwechslergeschäfte betreibt, andererseits wird nur an die Erklärung, daß der Empfänger ermächtigt werde, an Stelle hinterlegter oder verpfändeter Wertpapiere gleichartige Wertpapiere zurückzugewähren, im Gesetze die Folge geknüpft, daß die Bestimmungen des § 1 keine Anwendung finden, also ein unregelmäßiger Verwahrungsvertrag begründet sei. Über die erste Änderung vgl. Anm. 2 zu diesem Paragraphen. Die zweite Änderung, die den zweiten Absatz betrifft, hat offenbar auf der Erwägung beruht, daß die Ermächtigung des Bankiers, über das Depot zu seinem Nutzen zu verfügen, nicht notwendig so weit zu gehen brauche, daß dadurch die Erfüllung der Obliegenheiten des § 1 völlig unmöglich gemacht werde. Nach dem Kommissionsberichte (S. 4) wurde in dieser Hinsicht auf den Fall hingewiesen, daß dem Bankier die Weiterverpfändung des Depots — also eine Verfügung zu seinem Nutzen — gestattet sei, und bemerkt, daß die Verpflichtung des Bankiers aus § 1 alsdann „sinngemäß nur so lange ruhen solle, als die Verpfändung dauere“.

Die dem Abs. 2 des § 2 hiernach gegebene, Gesetz gewordene Fassung ist insofern lückenhaft, als keine Bestimmung darüber getroffen ist, welche Folgen die formgerecht erteilte Ermächtigung des Bankiers, über das Depot zu seinem Nutzen zu verfügen, auf die ihm nach § 1 obliegenden Verpflichtungen hat. Nach der vorstehend dargelegten Absicht, die mit der Änderung des Regierungsentwurfs verfolgt wurde, muß angenommen werden, daß der Bankier auf Grund der Ermächtigung, über das Depot zu seinem Nutzen zu verfügen, insoweit

— aber nicht weiter — von der Beobachtung der Verpflichtungen des § 1 entbunden sein soll, als der Inhalt der ihm erteilten Ermächtigung die Erfüllung dieser Verpflichtungen hindert.

Die Ermächtigung kann nun entweder darauf abzielen, dem Bankier eine vollkommene unbeschränkte Verfügungsbefugnis über die hinterlegten oder verpfändeten Wertpapiere einzuräumen, oder sie kann inhaltlich beschränkt sein, so daß ihm nur eine bestimmte Art der Verfügung über die Wertpapiere, etwa nur deren Weiterverpfändung — vielleicht noch mit der ferneren Einschränkung, daß sie nur für eine bestimmte Schuld erfolgen dürfe, — gestattet sein solle. In diesem letzteren Falle soll nach der oben dargelegten Absicht der neuen Fassung des § 2 der Bankier die Pflichten des Verwahrers (§ 1) insoweit erfüllen, als dies mit der ihm eingeräumten Verfügungsbefugnis vereinbar ist. Wenn beispielsweise der Hinterleger von Wertpapieren den Verwahrer formgerecht ermächtigt, die Papiere für eine bestimmte Schuld an einem Dritten zu verpfänden, so hat der Verwahrer die Papiere nach Ziffer 2 des § 1 zu buchen und sie nach Tilgung der Schuld, für die sie verpfändet worden sind, wieder in gesonderte Verwahrung zu nehmen. Es soll in solchen Fällen kein unregelmäßiger Verwahrungsvertrag begründet werden, sondern ein regelmäßiger, bei dem der Verwahrer und Pfandgläubiger von den Pflichten des § 1 nach dem Umfange der ihm formgerecht erteilten Ermächtigung, über die Papiere zu seinem Nutzen zu verfügen, befreit ist.

Demnach hat § 2 im Gesetze eine wesentlich andere Bedeutung als im Regierungsentwurf. Er behandelt nunmehr nicht nur den unregelmäßigen Verwahrungsvertrag, sondern stellt auch die Voraussetzungen fest, unter denen bei regelmäßigem Depot der Verwahrer oder Pfandgläubiger über die in seine Verwahrung gegebenen

Papiere zu seinem Nutzen verfügen darf. Sein Inhalt ist folgender:

1. Ein unregelmäßiger Verwahrungsvertrag, für den die Bestimmungen des § 1 außer Anwendung treten, kann — abgesehen von dem Falle, daß der Hinterleger oder Verpfänder gewerbsmäßig Bank- oder Geldwechslergeschäfte betreibt, — nur durch eine entsprechende, für das einzelne Geschäft ausdrücklich und schriftlich abgegebene Erklärung des Hinterlegers oder Verpfänders begründet werden.

2. Diese Wirkung hat insbesondere die Erklärung, daß der Empfänger zur Rückgewähr gleichartiger Wertpapiere ermächtigt sein solle. Sie ist auch der Erklärung zuzuschreiben, daß der Empfänger über das Depot zu seinem Nutzen verfügen dürfe, wenn die Ermächtigung nach dem Willen der Parteien eine allgemeine und unbeschränkte sein soll.

3. Auch die Ermächtigung, in beschränkter Weise über ein Depot zu eigenem Nutzen zu verfügen, kann — abgesehen von dem unter Ziffer 1 bezeichneten Falle — nur durch eine für das einzelne Geschäft ausdrücklich und schriftlich abgegebene Erklärung des Hinterlegers oder Verpfänders begründet werden. Auf Grund solcher Ermächtigung entsteht aber kein unregelmäßiges, sondern ein regelmäßiges Depot, und die Pflichten des § 1 sind von dem Verwahrer und Pfandgläubiger insoweit zu erfüllen, als dies nach dem Umfange der ihm erteilten Ermächtigung geschehen kann.

In der Entscheidung des Reichsgerichts vom 26. September 1902 (Civils. Bd. 53 S. 202) wird dementgegen ausgeführt, daß die Ermächtigung, über die Papiere zu seinem Nutzen zu verfügen, offenbar weiter gehe als die, gleichartige zurückzuerstatten und hieraus auch für den Fall jener ersten Ermächtigung die Nichtanwendbarkeit des § 1 gefolgert, die im § 2 Abs. 2 nur deshalb nicht ausgesprochen sei, weil angenommen wurde, daß sie sich aus der Sachlage selbst ergebe. Diese Ausführungen erscheinen so wenig in ihrem Ergebnisse befriedigend, wie in ihrer Begründung überzeugend. Warum die Ermächtigung, über die Papiere in eigenem Nutzen zu verfügen, weiter gehen solle als die, gleichartige zurückzuerstatten, ist nicht ersichtlich. Die letztere Ermächtigung schließt die erstere stets in sich; denn über Papiere, die man nur in genere zurückerstatten braucht, kann man eben beliebig verfügen. Die Ermächtigung aber, über die Papiere im eigenen Nutzen zu verfügen, kann, wie oben gezeigt, durch Einschränkung der Art der Verfügung im Einzelfalle so eingeengt werden, daß sie dem Verwahrer erheblich geringere Befugnisse einräumt als die Ermächtigung, gleichartige Papiere zurückzuerstatten. Dagegen kann der angeführten Entscheidung darin beigetreten werden, daß eine dem ganzen Inhalt des § 2 entsprechende Ermächtigung nicht von selbst den Eigentumsübergang auf den Verwahrer bewirkt, sondern daß hierzu ein auf Grund der Ermächtigung erfolgender Aneignungsakt erforderlich sei, der regelmäßig jedenfalls in der endgültigen Verfügung über die Papiere oder auch in der unterschiedslosen, mit der Absicht des Eigenerwerbs verknüpften Vermengung mit anderen Wertpapieren (Sammeldepots) zu finden sein wird.

[3]) Die Einschränkung bezweckt, dem Verkehr der Banken untereinander nicht unnötige Fesseln anzulegen. Sie beruht auf einem Beschlusse der Reichstagskommission, wobei die Verhältnisse der Bank des Berliner Kassenvereins besonders ins Gewicht fielen (Kommissionsbericht S. 3). Diese Bank hat zur Erleichterung des Großverkehrs in Wertpapieren ein Giro-Effektendepot eingerichtet, eine Sammelstelle, wo die an diesem Verkehr beteiligten Berliner Bankhäuser ihre Wertpapiere hinterlegen. Die Aufbewahrung erfolgt nach Effektengattungen (Sammeldepots); der Einlieferer begibt sich des Rechts, bestimmte Nummern oder Abschnitte zurückzuverlangen.

Die Verfügung über die Depots erfolgt mittels Schecks. Die Übertragung von Wertpapieren von einem Kontoinhaber auf einen andern geschieht durch Abschreibung und Zuschreibung auf ihrem Effektenkonto. Bei dem ungeheuren Geschäftsumfange, zu dem sich dieses ebenso nützliche wie zuverlässige Unternehmen entwickelt hat, ist eine Einrichtung, wie sie bei Erfüllung der Vorschriften des § 1 notwendig wäre, unmöglich. Da ferner die bestehende Organisation des Kassenvereins sich wohl bewährt hat und das Publikum daran nur mittelbar beteiligt ist, indem das Giro-Effektendepot vornehmlich für Berliner Bankiers bestimmt ist, so war es berechtigt, für den Verkehr dieses Unternehmens die Erklärungen, durch die es von der Beobachtung der Vorschriften des § 1 Abs. 1 entbunden wird, nicht an besondere Formen zu binden.

Der Beschluß der Reichstagskommission geht noch weiter, indem er Erklärungen im Sinne des § 2 allgemein formlos zuläßt, wenn der Hinterleger oder Verpfänder gewerbsmäßig Bank- oder Geldwechslergeschäfte betreibt. Man wird auch diese Erweiterung billigen können, da von Bankiers eine genügende Kenntnis der in Betracht kommenden Rechtsverhältnisse erwartet werden darf, und daher zu ihrem Schutze eine Ausnahmebestimmung, wie sie der § 2 enthält, nicht erforderlich erscheint.*)

*) In der Reichstagskommission war beantragt worden, die Ausnahme auf alle im Handelsregister eingetragenen Kaufleute auszudehnen. Dem wurde mit Recht entgegengehalten, daß dann eine große Zahl kleiner Händler und Gewerbetreibender mit hinzukomme, für welche die Ausnahme weit weniger zulässig erscheine als für Rentner, Kapitalisten 2c.; ein wirkliches Bedürfnis zur Sonderstellung liege nur für Bankgeschäfte vor (Kommissionsbericht S. 3).

[3]) Die Vorschrift, daß die im § 2 behandelte Ermächtigungserklärung, um gültig zu sein, ausdrücklich abgegeben werden müsse, bezweckt, für den Verzicht eine klare, unzweifelhafte Ausdrucksweise zu fordern, um zu verhindern, daß aus unklaren, in ihrer Bedeutung dem Hinterleger nicht genügend zum Bewußtsein gelangten Ausdrücken in den ihm zur Anerkennung vorgelegten Schriftstücken, namentlich in sogenannten Geschäftsbedingungen, ein von demselben nicht gewollter Verzicht hergeleitet werden könne. (Begründung zu § 2 S. 87.) Es ist nicht gerade erforderlich, daß in den Erklärungen die im Gesetze angewendeten Ausdrücke gebraucht werden, doch muß aus den gebrauchten Ausdrücken der Inhalt der Ermächtigung klar hervorgehen. Eine Erklärung, die dahin lautet, daß „dem Empfänger die im § 2 des Gesetzes vorgesehenen Ermächtigungen erteilt werden", ist nicht geeignet, den Zweck der Bestimmung des § 2 zu erfüllen und für rechtsunwirksam anzusehen.

Dem Erfordernisse der Schriftlichkeit wird auch dadurch genügt, daß ein den Wortlaut der Erklärung im Vordruck enthaltendes Formular von dem Kunden unterschrieben wird. Zu beachten ist aber, daß die Erklärung, um gültig zu sein, erkennbar für ein einzelnes Geschäft abgegeben werden muß.

Wenn der Hinterleger oder Verpfänder ein Bankier ist, so kann er dem Empfänger die im § 2 bezeichneten Ermächtigungen erteilen, ohne an eine besondere Form gebunden zu sein, also: allgemein (auch im Wege der Unterzeichnung von Geschäftsbedingungen), mündlich und unbeschränkt in der Ausdrucksweise.

[4]) Die im § 2 behandelten Ermächtigungen können nicht nur bei der Begründung eines Depots, sondern auch nachträglich für ein bestehendes Depot erteilt werden. Ihre Gültigkeit ist auch dann von der Beobachtung der im § 2 vorgeschriebenen Form abhängig. Die Umwandlung eines regelmäßigen Depots in ein unregelmäßiges

kann also — insofern der Hinterleger oder Verpfänder nicht Bankier ist — gültig nur durch eine im Sinne des § 2 schriftlich und ausdrücklich abgegebene Erklärung vollzogen werden.

[5]) Unberührt durch die Bestimmungen des Gesetzes bleibt der Fall der Hingabe eines Darlehens in Wertpapieren. Dieses Rechtsgeschäft ist dem unregelmäßigen Verwahrungsvertrage nahe verwandt, indem der Empfänger bei beiden Eigentümer der hingegebenen Papiere wird, und der Hinterleger ebenso wie der Darlehnsgeber einen Forderungsanspruch in genere besitzt.*) Begrifflich unterscheiden sich aber beide Geschäfte durch die Verschiedenheit ihrer Absicht. (Windscheid, Pandekten II, § 379.) Ist daher der Wille der Parteien auf die Begründung eines Darlehns an Wertpapieren gerichtet, so ist die Beobachtung einer besonderen Form nicht vorgeschrieben, und ebenso kann die Umwandlung eines ursprünglichen Hinterlegungsvertrags in ein Darlehn formlos vollzogen werden.

§ 3.[1])

Der Kommissionär (§§ 383, 406 des Handelsgesetzbuchs),) welcher einen Auftrag zum Einkaufe**

---

*) Nach dem BGB. finden bei Begründung eines unregelmäßigen Verwahrungsvertrages die Vorschriften über das Darlehn Anwendung, jedoch mit der Einschränkung, daß sich Zeit und Ort der Rückgabe im Zweifel nach den Vorschriften über den Hinterlegungsvertrag bestimmen (§ 700).

**) In der ursprünglichen Fassung war auf Art. 360, 378 des — alten — HGB. Bezug genommen. An Stelle dieses Hinweises treten die entsprechenden, oben eingefügten Vorschriften des neuen HGB. (Einführungsgesetz zum HGB. vom 10. Mai 1897 Art. 3).

von Wertpapieren der im § 1 bezeichneten Art ausführt, hat dem Kommittenten binnen drei Tagen ein Verzeichnis der Stücke mit Angabe der Gattung, des Nennwertes, der Nummern oder sonstiger Unterscheidungsmerkmale zu übersenden.[2][3]) Die Frist beginnt, falls der Kommissionär bei der Anzeige über die Ausführung des Auftrages einen Dritten als Verkäufer namhaft gemacht hat, mit dem Erwerbe der Stücke, andernfalls mit dem Ablaufe des Zeitraums, innerhalb dessen der Kommissionär nach der Erstattung der Ausführungsanzeige die Stücke bei ordnungsmäßigem Geschäftsgange ohne schuldhafte Verzögerung beziehen konnte.[4][5][6])

Ein Verzicht des Kommittenten auf die Übersendung des Stückeverzeichnisses ist, falls der Kommittent nicht gewerbsmäßig Bank- oder Geldwechslergeschäfte betreibt, nur dann wirksam, wenn er bezüglich des einzelnen Auftrages ausdrücklich und schriftlich erklärt wird.[7][8][9])

Soweit die Auslieferung der eingekauften Stücke an den Kommittenten erfolgt oder ein Auftrag des Kommittenten zur Wiederveräußerung ausgeführt ist, kann die Übersendung des Stückeverzeichnisses unterbleiben.[7])

Zu § 3.

[1]) Vgl. hierzu Einleitung S. 16.

Durch die für den Einkaufskommissionär begründete Pflicht zur Übersendung eines Stückeverzeichnisses an den Kommittenten innerhalb einer dreitägigen Frist soll zweierlei erreicht werden: 1. Der Kommissionär soll, wenn er die kommissionsweise angeschafften Papiere in Depot behält, genötigt sein, innerhalb kurzer Frist einen Rechtsakt vorzunehmen, der den Übergang des Eigentums der Papiere auf den Kommittenten zur Folge hat. 2. Dem Kommittenten soll die Möglichkeit gegeben werden, sein Eigentum an den Wertpapieren in wirksamer Weise zur Geltung zu bringen, wozu in der Regel die Kenntnis der Nummern oder sonstigen Unterscheidungsmerkmale der Stücke notwendig ist. Dieser Kenntnis bedarf er, um seine Eigentumsansprüche gegenüber dem seine Pflichten nicht erfüllenden Kommissionär, sowie gegenüber konkurrierenden Gläubigern des letzteren zu verfolgen. Er bedarf ihrer ferner, um die Papiere von einem unredlichen dritten Erwerber zu vindizieren, und um sie im Falle einer unrechtmäßigen Lombardierung vom redlichen Pfandgläubiger gegen Zahlung des Lombarddarlehns zurückzuerlangen. Endlich ist ihm gegenüber das kaufmännische Zurückbehaltungsrecht eines Dritten, dem der Kommissionär die Stücke übergeben hat, unwirksam, insofern er durch die Kenntnis der Nummern der Papiere imstande ist, sein Eigentum daran nachzuweisen.

Verhältnis der §§ 3 und 4 zu den allgemeinen Bestimmungen über das Kommissionsgeschäft (HGB. § 383 bis 406). Die §§ 3 und 4 bezwecken nicht für die Kommission zum Einkaufe vertretbarer Wertpapiere an die Stelle allgemeiner Rechtsgrundsätze des H.G.B. über die Kommision zu treten, sondern enthalten Sonderbestimmungen, durch die für das Gebet ihrer Anwendung die dem Kommissionär obliegende Verpflichtung lediglich verschärft wird. Entsch. des Reichsgerichts vom 28. Januar 1903 (Civils. Bd. 53 S. 363). Ein Beispiel der Anwendbarkeit der allgemeinen Grundsätze des Kommissionsgeschäfts neben den Vorschriften der §§ 3 und 4 s. Anm. 2 zu § 4.

[2]) Nach § 7 des Gesetzes bewirkt die Absendung des Stückeverzeichnisses, daß das Eigentum an den darin verzeichneten Wertpapieren auf den Kommittenten über-

geht: wofern nicht nach den Bestimmungen des bürgerlichen Rechts der Übergang des Eigentums schon in einem früheren Zeitpunkt eingetreten ist. Das letztere war zum Beispiel im Gebiete des Gemeinen Rechts regelmäßig der Fall, indem daselbst das Eigentum an den kommissionsweise beschafften Wertpapieren durch deren bloße Spezialisierung, also jedenfalls schon durch die Aufstellung des Stückeverzeichnisses, auf den Kommittenten überging.*) In den Fällen, in denen der Eigentumsübergang bei Absendung des Stückeverzeichnisses bereits erfolgt ist, hat dieses nur die Bedeutung eines Beweismittels für das Eigentum des Kommittenten.

³) Bei der ersten Beratung des Gesetzes im Reichstage ist die Ansicht ausgesprochen worden,**) daß das Stückeverzeichnis in einer die Bank verpflichtenden Weise unterzeichnet sein müsse. Wenn hiermit gesagt werden sollte, daß ein nicht in dieser Weise unterzeichnetes Stückeverzeichnis unwirksam sei, so ist diese Auffassung irrig. In den Fällen zunächst, in denen das Stückeverzeichnis nur die Bedeutung eines Beweismittels hat (s. oben Anm. 2), wird seine Beweiskraft durch das Fehlen der Unterzeichnung der Bank nicht beeinträchtigt, sofern es als von der Bank ausgestellt anerkannt oder nachgewiesen wird. In den Fällen aber, in denen die Absendung des Verzeichnisses den Übergang des Eigentums auf den Kommittenten bewirken soll, würde es mit der Absicht des Gesetzes, das Publikum zu sichern, nicht im Einklange stehen, wenn eine formale Ordnungswidrigkeit der Bank

---

*) Vgl. Einleitung S. 20, auch in betreff der Erfordernisse, die im Gebiete des Allgemeinen Landrechts und neuerdings nach dem BGB. zur Vollziehung des constitutum possessorium in Betracht kommen.

**) Vom Abgeordneten Fritzen. Stenograph. Berichte des Reichstags 1895/97, S. 231.

den Übergang des Eigentums der Papiere auf den Kommittenten zu dessen Nachteile hinderte.

[4]) Das Gesetz unterscheidet für den Beginn der dreitägigen, für die Absendung des Stückeverzeichnisses gesetzten, Frist zwei Fälle:

a) daß der Kommissionär bei der Anzeige über die Ausführung des Auftrags einen Dritten — d. h. eine bestimmte Person oder Firma — als Verkäufer namhaft gemacht hat. Alsdann beginnt die Frist mit dem Erwerb der Stücke durch den Kommissionär. Dazu ist es nicht notwendig, daß der Kommissionär sie körperlich empfängt, sondern es genügt — was für den Fall der Beteiligung mehrerer Bankiers an der Ausführung der Kommission von Bedeutung ist —, daß der Kommissionär des Kunden (also unter Umständen ein Zwischenkommissionär) durch constitutum possessorium des von ihm mit dem Erwerb der Stücke beauftragten Kommissionärs Besitz und Eigentum daran erwirbt. Die Frist für den Zwischenkommissionär, welcher einen dritten Verkäufer namhaft gemacht hat, beginnt daher in diesem Falle mit dem Empfange des ihm von dem hauptstädtischen Kommissionär übersandten Stückeverzeichnisses;

b) daß der Kommissionär bei der Ausführungsanzeige keinen Dritten als Verkäufer benannt hat, sei es, daß er erklärte, selbst als Verkäufer einzutreten, sei es, daß er eine Erklärung überhaupt nicht abgibt,*) sei es endlich, daß er erklärt, mit einem Dritten, den er aber nicht

*) Wegen der Neuregelung, die das Selbsteintrittsrecht des Kommissionärs durch das am 1. Januar 1897 in Kraft getretene Börsengesetz erfahren hat, vgl. Einleitung S. 17. Danach gilt die Ausführungsanzeige ohne den ausdrücklichen Vermerk, daß der Kommissionär selbst eintreten wolle, als Erklärung, daß die Ausführung durch Abschluß des Geschäfts mit einem Dritten für Rechnung des Kommittenten erfolgt sei (HGB. § 405).

benennt, abgeschlossen zu haben. In allen diesen Fällen beginnt die dreitägige Frist mit Ablauf des Zeitraumes, innerhalb dessen der Kommissionär nach Erstattung der Anzeige über die Ausführung des Auftrages die Stücke bei ordnungsmäßigem Geschäftsgange beziehen konnte. Dieser Zeitraum ist nicht nach dem abstrakten Maßstabe eines für alle Fälle als Regel zu betrachtenden ordnungsmäßigen Geschäftsganges zu bemessen, es sind vielmehr alle die tatsächlichen Umstände dabei zu berücksichtigen, die im einzelnen Falle ohne Verschulden des Kommissionärs zu einer Verzögerung des Bezuges der ihm zu liefernden Stücke führen können. (Begründung S. 88.)

[5]) Das Stückeverzeichnis ist zu übersenden, auch wenn der Kommissionär den ihm erteilten Auftrag auf Kauf von Wertpapieren an einer ausländischen Börse ausführt: und zwar in gleicher Weise, ob er die Papiere bezieht oder im Depot des ausländischen Bankhauses beläßt. Im letzteren Falle hat der Kommissionär ebenso wie sonst, wenn er die Papiere nicht selbst bezieht, dafür zu sorgen, daß ihm das Stückeverzeichnis behufs der Übermittelung an seinen Kommittenten zugesandt werde (vgl. Begründung S. 88.)

[6]) Das Stückeverzeichnis ist ferner zu übersenden, auch wenn der Kommissionär wegen der ihm aus der Ausführung des Auftrags zustehenden Forderungen nicht befriedigt ist und auch nicht Stundung gewährt hat. Der Regierungsentwurf enthielt für diesen Fall folgende gegenteilige Vorschrift:

§ 4.

> Soweit der Kommissionär im Falle des § 3 wegen der ihm aus der Ausführung des Auftrages zustehenden Forderungen nicht befriedigt ist und auch nicht Stundung gewährt hat, kann er die Übersendung des Stückeverzeichnisses aussetzen, wenn er dem Kommittenten unter Beifügung

einer Rechnung über den ihm noch zu zahlenden Betrag innerhalb der im § 3 bezeichneten Frist schriftlich erklärt, daß er das Verzeichnis erst nach der Zahlung dieses Betrages übersenden werde.

Diese Bestimmung fand ihre Begründung einerseits in dem allgemeinen Rechtsgrundsatze, daß bei einem zweiseitigen Vertrage die Leistung der einen Seite von der Gegenleistung der anderen Seite oder der Gewährung von Stundung abhängig ist, andererseits in der Erwägung, daß der Kommissionär, der dem Kommittenten, ohne für seine Forderungen befriedigt zu sein, das Eigentum am Kommissionsgute überträgt, in dem ihm daran verbleibenden Pfandrechte eine genügende Sicherung seiner Ansprüche nicht besitze. Nachdem die Reichstagskommission diese Bestimmung vornehmlich aus der Besorgnis gestrichen hat, daß sich daraus endlose Streitigkeiten ergeben würden (Komm.B. S. 6), muß der Kommissionär selbst darauf Bedacht nehmen, wie er sich bei der Übernahme von Einkaufskommissionen, ohne vorherige Deckung, vor Verlusten bewahre. Zum mindesten wird er sich einen Einschuß in der Höhe gewähren lassen müssen, daß er dadurch in Verbindung mit dem ihm am Kommissionsgute zustehenden Pfandrechte auch bei eintretenden Kurseinbußen für seine Ansprüche gesichert ist. Da dann aber der Nachteil für den Kommissionär bestehen bleibt, daß er einen Teil seiner Geldmittel in dem für den Kommittenten verauslagten Kaufpreise festlegt, ohne sein Betriebskapital durch Benutzung der eingekauften Papiere zur Kreditbeschaffung ergänzen zu können, und da ferner bei Kontokorrentverkehr eine Feststellung in jedem einzelnen Falle, ob der Kommissionär noch genügend gedeckt sei, tatsächlich undurchführbar ist, so entsteht für die Bankiers die Nötigung, Einkaufskommissionen auf Kredit in der Regel nur auszuführen, wenn der Kommittent auf die Übertragung des Eigentums der Wertpapiere verzichtet (Anm. 9).

7) Die Übersendung des Stückeverzeichnisses darf unterbleiben,

a) insoweit die Auslieferung der eingekauften Stücke an den Kommittenten erfolgt (Abs. 3);
b) insoweit ein Auftrag des Kommittenten zur Wiederveräußerung der eingekauften Stücke ausgeführt ist (Abs. 3);
c) auf Grund eines nach Abs. 2 erklärten Verzichts des Kommittenten (Anm. 8 und 9).

8) Was in der Anm. 3 zu § 2 in betreff der Form der dort behandelten Erklärungen ausgeführt ist, gilt in gleicher Weise für die Form, in der ein Verzicht auf das Stückeverzeichnis, um rechtswirksam zu sein, erklärt werden muß. Die Erklärung des Verzichts ist an eine bestimmte Form nicht gebunden, wenn der Kommittent gewerbsmäßig Bank- und Geldwechslergeschäfte betreibt.

9) Das Gesetz trifft keine Bestimmung darüber, wie sich die Eigentumsverhältnisse an den Wertpapieren gestalten, wenn auf die Übersendung des Stückeverzeichnisses verzichtet worden ist. Da die Übersendung des Verzeichnisses vor allem bezweckt, den Eigentumsübergang auf den Kommittenten zu sichern, so kann sich in dem Verzichte ohne Zweifel der Wille des Kommittenten bekunden, auf den Eigentumserwerb zu verzichten und auf eine Forderung der Art nach bestimmter Wertpapiere aus den Beständen des Kommissionärs beschränkt zu sein. Andererseits ist es aber nicht ausgeschlossen, daß der Verzicht auf das Stückverzeichnis nach dem Willen der Parteien eine weniger weitgehende Bedeutung habe, indem der Kommittent nur auf die in der Übersendung des Verzeichnisses gewährte Bescheinigung seines Eigentumserwerbs, nicht aber auf den Eigentumserwerb selbst verzichten will. Alsdann ist der Kommissionär zwar von der Absendung des Verzeichnisses befreit, aber doch verbunden, den Kommittenten zum Eigentümer der Papiere zu machen und zu dem Zweck das constitutum

possessorium in der nach dem bürgerlichen Rechte vorgeschriebenen Form zu vollziehen.

Ob der Verzicht auf das Stückeverzeichnis einen Verzicht auf die Übertragung des Eigentums an den Papieren oder nur einen Verzicht auf die Bescheinigung des Eigentumsübergangs bedeuten solle, ist im einzelnen Falle nach dem Willen der Parteien zu entscheiden: wobei unter Berücksichtigung von Zweck und Entstehungsgeschichte des § 3 eine Rechtsvermutung dafür sprechen dürfte, daß im Zweifel der Verzicht auf das Stückeverzeichnis die weitere Bedeutung des Verzichts auf die Übertragung des Eigentums der Wertpapiere habe. Namentlich wird dies als Wille der Parteien angenommen werden dürfen, wenn der Kommissionär den Auftrag des Kommittenten unter Kreditgewährung ausführt.

§ 4.

Ist der Kommissionär mit Erfüllung der ihm nach den Bestimmungen des § 3 obliegenden Verpflichtungen im Verzuge und holt er das Versäumte auf eine danach an ihn ergangene Aufforderung des Kommittenten nicht binnen drei Tagen nach, so ist der Kommittent berechtigt, das Geschäft als nicht für seine Rechnung abgeschlossen zurückzuweisen und Schadensersatz wegen Nichterfüllung zu beanspruchen.[1][2][3]

Die Aufforderung des Kommittenten verliert ihre Wirkung, wenn er dem Kommissionär nicht binnen drei Tagen nach dem Ablaufe der Nachholungsfrist erklärt, daß er von dem im Absatz 1 bezeichneten Rechte Gebrauch machen wolle.

Zu § 4.

1) Der im § 4 für den säumigen Kommissionär angedrohte Rechtsnachteil ist den Bestimmungen des alten Handelsgesetzbuchs über die Folgen des Verzugs beim Kaufe nachgebildet (Art. 354 und 356), die inzwischen durch die allgemeinen Grundsätze des BGB. über Erfüllungsverzug beseitigt worden sind.

Das Recht des Kommittenten auf Zurückweisung des Geschäfts unter Beanspruchung von Schadenersatz ist davon abhängig, daß

1. der Kommittent den mit der Absendung des Stückeverzeichnisses säumigen Kommissionär auffordert, das Verzeichnis abzusenden,
2. der Kommissionär auf diese Aufforderung die Absendung des Verzeichnisses nicht binnen drei Tagen nachholt,
3. der Kommittent dem Kommissionär binnen drei Tagen nach dem Ablaufe der Nachholungsfrist erklärt, daß er von dem ihm zustehenden Rechte Gebrauch mache.

Ist diese letztere Erklärung (Ziffer 3) nicht rechtzeitig abgegeben, so bedarf es einer erneuten Aufforderung an den Kommissionär (Ziffer 1), an die sich demnächst die gleichen Folgen knüpfen wie an die frühere Aufforderung.

2) Aus § 4 kann nicht der positive Rechtssatz entnommen werden, daß der Kommittent das Geschäft als für seine Rechnung geschlossen stets gelten lassen müsse, wenn ihm der Kommissionär innerhalb der vorgeschriebenen Frist ein Verzeichnis solcher seiner Verfügungsberechtigung unterliegenden Stücke, wie er sie einzukaufen beauftragt war, übersendet. Der Kommittent kann vielmehr auf Grund des § 384 Abs. 2 des HGB. jedenfalls fordern, daß der Kommissionär, der den Auftrag zum Einkauf von Papieren durch Abschluß mit einem Dritten ausführt, ihm gerade die Stücke, die er von dem Dritten

erworben hat, liefere. Entsch. des Reichsgerichts vom 28. Januar 1903 (Civils. Bd. 53 S. 363). Er braucht ein Geschäft nicht anzuerkennen, bei dem der Kommissionär über die von ihm durch das Ausführungsgeschäft erworbenen Papiere anderweit verfügt, so daß die in dem Stückeverzeichnis aufgeführten Papiere mit denen, die der Kommissionär durch Abschluß mit dem Dritten erhalten hat, nicht übereinstimmen.

[3]) Das Rücktrittsrecht des Kommittenten ist mit dem Ablauf der dreitägigen Nachholungsfrist (Anm. 1 Ziff. 2) endgültig erworben. Es geht nicht dadurch verloren, daß das Stückeverzeichnis dem Kommittenten nach Ablauf dieser Frist noch mitgeteilt wird, selbst wenn die Zusendung erfolgt, bevor er den Rücktritt erklärt hat. Es ist nur insofern zeitlich beschränkt als es erlischt, wenn es nicht gemäß Abs. 2 binnen drei Tagen ausgeübt wird. Entscheidung des Reichsgerichts vom 28. November 1900 (Civils. Bd. 48 S. 7).

§ 5.[1])

Der Kommissionär, welcher einen Auftrag zum Umtausche von Wertpapieren der im § 1 bezeichneten Art oder zur Geltendmachung eines Bezugsrechts auf solche Wertpapiere ausführt, hat binnen zwei Wochen nach dem Empfange der neuen Stücke dem Kommittenten ein Verzeichnis der Stücke mit den im § 3 Absatz 1 vorgeschriebenen Angaben[2]) zu übersenden, soweit er ihm die Stücke nicht innerhalb dieser Frist aushändigt.[3])[4])

Zu § 5.

[1]) Die Bestimmungen, die für die Umtausch- rc. Kommission getroffen sind, weichen in folgenden Punkten von der Regelung der Einkaufskommission (§§ 3 und 4) ab:

a) Die Frist zur Übersendung des Stückeverzeichnisses ist auf zwei Wochen bemessen.

b) Die Frist beginnt stets mit dem Empfange der neuen Stücke seitens des Kommissionärs. Der Fall des Selbsteintritts scheidet hier aus, weil nach den Grundsätzen des HGB. ein Selbsteintritt des Kommissionärs bei den in § 5 behandelten Kommissionen nicht zugelassen ist.

c) Für den Verzicht auf das Stückeverzeichnis ist keine Form vorgeschrieben, so daß im Falle des § 5 Kommittenten, auch wenn sie nicht Bankiers sind, formlos, z. B. mündlich, auf die Übersendung des Verzeichnisses verzichten können.

d) Für den säumigen Kommissionär ist als Rechtsnachteil der Verlust seines Rechts auf Provision angedroht (vgl. § 6).

Durch das neue HGB. ist zwar der Begriff des Kommissionsgeschäftes auf Einkaufs- und Umkaufskommission beschränkt worden (§ 383). Nach § 406 daselbst kommen jedoch die Vorschriften über das Kommissionsgeschäft auch zur Anwendung, wenn ein Kommissionär im Betriebe seines Handelsgewerbes ein Geschäft anderer als der im § 383 bezeichneten Art für Rechnung eines anderen im eigenen Namen zu schließen übernimmt, oder wenn ein Kaufmann, der nicht Kommissionär ist, im Betriebe seines Handelsgewerbes ein Geschäft in der bezeichneten Weise zu schließen übernimmt. Der § 5 wird daher durch die grundsätzliche Einschränkung des Begriffs des Kommissionsgeschäfts nicht berührt.

[2]) Das zu § 3 in den Anmerkungen 1, 2, 3 und 5 Bemerkte findet hier entsprechende Anwendung.

[3]) Die Übersendung des Verzeichnisses wird — ebenso wie bei der Einkaufskommission — auch dann unterbleiben können, wenn innerhalb der für die Übersendung gesetzten Frist ein Auftrag des Kommittenten zur Veräußerung der neuen Stücke ausgeführt ist. Der Kom-

missionär wird in diesem Falle annehmen dürfen, daß der Kommittent auf die Übersendung des für ihn durch die Veräußerung der Stücke bedeutungslos gewordenen Verzeichnisses verzichte.

[4]) Die Bestimmung des § 5 findet nicht Anwendung auf Umtauschakte, bei denen der Bankier nur Vertreter des Eigentümers in tatsächlichem Sinne ist, ohne überhaupt ein Rechtsgeschäft, geschweige denn ein solches in eigenem Namen abzuschließen. Dahin gehören der Umtausch von Interimsscheinen in die endgültigen Stücke, der Umtausch beschädigter Stücke gegen neue, die Empfangnahme neuer Stücke an Stelle verloren gegangener amortisierter Stücke und ähnliche Fälle, wo ein Anschaffungsgeschäft nicht vorliegt, und kein Zweifel darüber besteht, daß der Vertreter unmittelbar für den Vertretenen den Besitz erwirbt.

§ 6.

Der Kommissionär, welcher den im § 5 ihm auferlegten Pflichten nicht genügt, verliert das Recht, für die Ausführung des Auftrages Provision[1]) zu fordern (§ 396 Absatz 1 des HGB.).[2])[3])

Zu § 6.

[1]) Wer in Ausübung seines Handelsgewerbes einem Kaufmanne oder Nichtkaufmanne Geschäfte besorgt oder Dienste leistet, kann dafür auch ohne Verabredung Provision fordern (§ 354 des HGB.). Beim Kommissionär ist dabei Voraussetzung, daß das Geschäft zur Ausführung gekommen ist (§ 396 Abs. 1 das.).

Maßgebend für die Höhe der Provision ist der ortsübliche Satz, mangels eines solchen im Streitfalle richterliches Ermessen.

[2]) Nach der Natur der im § 5 behandelten Geschäfte konnte der für den säumigen Einkaufskommissionär angedrohte Rechtsnachteil — Zurückweisung des Geschäfts

durch den Kommittenten unter Beanspruchung von Schadenersatz — hier nicht in Frage kommen (vgl. hierzu Begründung S. 81 und 82).

Der hier angedrohte Rechtsnachteil, der Verlust des Rechts auf Provision, ist so schwach, daß davon abgesehen worden ist, sein Eintreten von einer vorhergehenden Aufforderung des Kommittenten und dem fruchtlosen Ablaufe einer Nachholungsfrist abhängig zu machen.

[3]) In der ursprünglichen Fassung war in der Klammer auf Artikel 371 Abs. 2 des HGB. Bezug genommen. Dieser Hinweis ist nach Artikel 3 des Einführungsgesetzes zum HGB. vom 10. Mai 1897 (RGBl. S. 437) durch die entsprechende Vorschrift des neuen HGB. ersetzt worden.

§ 7.

Mit der Absendung des Stückeverzeichnisses geht das Eigentum an den darin verzeichneten Wertpapieren auf den Kommittenten über, soweit der Kommissionär über die Papiere zu verfügen berechtigt ist. Die Bestimmungen des bürgerlichen Rechts, nach welchen der Übergang des Eigentums schon in einem früheren Zeitpunkte eintritt, bleiben unberührt.[1])

Der Kommissionär hat bezüglich der in seinem Gewahrsam befindlichen, in das Eigentum des Kommittenten übergegangenen Wertpapiere die im § 1 bezeichneten Pflichten eines Verwahrers.[2])

Zu § 7.

[1]) Über die rechtliche Bedeutung der Übersendung des Stückeverzeichnisses vgl. Anm. 2 zu § 3.

Ob bei der Umtauschkommission ein besonderer Eigentumsübertragungsakt erforderlich ist, ist zweifelhaft. Während in der Begründung angenommen ist, daß der Umtauschkommissionär das Eigentum an den eingetauschten Stücken zunächst für sich erwirbt und demnächst, nötigenfalls durch constitutum possessorium, auf den Kommittenten überträgt, hat das Reichsgericht in der Entscheidung vom 17. Februar 1897 (Civils. Bd. 33 S. 105), die Auffassung vertreten, daß der Kommissionär Eigentum an den eingetauschten Stücken nicht für sich, sondern unmittelbar für den Kommittenten erwirbt (vgl. die Fußnote auf S. 23). Folgt man dieser Ansicht, so hat das Stückeverzeichnis bei der Umtauschkommission nur die Bedeutung eines Beweismittels für das Eigentum des Kommittenten.

³) Für den Kommissionär entstehen die Pflichten des Verwahrers — gesonderte Aufbewahrung und buchmäßige Festhaltung der kommissionsweise beschafften Papiere — unter der doppelten Voraussetzung, daß sie

a) in das Eigentum des Kommittenten übergegangen sind,

b) sich in seinem — des Kommissionärs — Gewahrsam befinden.

Zu a ist daran zu erinnern, daß der Eigentumsübergang nicht immer mit der Übersendung des Stückeverzeichnisses zusammenfällt. Einerseits kann der Eigentumsübergang nach den Bestimmungen des bürgerlichen Rechts bereits erfolgt sein, wenn das Stückeverzeichnis abgesandt wird (Anm. 2 zu § 3). Andererseits kann die Eigentumsübertragung ganz ohne Übersendung des Verzeichnisses vor sich gehen, wenn der Kommittent in dem Sinne auf das Stückeverzeichnis verzichtet hat, daß die Eigentumsübertragung dadurch nicht erlassen werden solle (Anm. 9 zu § 3). Maßgebend für die Erfüllung der Pflichten des Verwahrers ist in diesen Fällen ohne Rücksicht auf das Stückeverzeichnis der Zeitpunkt, in dem der Kommissionär das constitutum possessorium vollzieht.

Zu b. Im Falle der Beteiligung mehrerer Bankiers an der Ausführung der Kommission bleiben die beschafften Papiere oft bei dem hauptstädtischen Bankier in Verwahrung. Alsdann können dem Zwischenbankier, der gar nicht in den Gewahrsam der Papiere gelangt, auch nicht die Pflichten des Verwahrers auferlegt werden.

§ 8.[1])

Ein Kaufmann, welcher im Betriebe seines Handelsgewerbes fremde Wertpapiere der im § 1 bezeichneten Art einem Dritten zum Zweck der Aufbewahrung,[2]) der Veräußerung, des Umtausches oder des Bezuges von anderen Wertpapieren, Zins- oder Gewinnanteilscheinen[3]) ausantwortet, hat hierbei dem Dritten mitzuteilen, daß die Papiere fremde[4]) seien.[5]) Ebenso hat er in dem Falle, daß er einen ihm erteilten Auftrag zur Anschaffung solcher Wertpapiere an einen Dritten weitergibt, diesem hierbei mitzuteilen, daß die Anschaffung für fremde[4]) Rechnung geschehe.[5])

Der Dritte, welcher eine solche Mitteilung empfangen hat, kann an den übergebenen oder an den neu beschafften Papieren ein Pfandrecht oder ein Zurückbehaltungsrecht nur wegen solcher Forderungen an seinen Auftraggeber geltend machen, welche mit Bezug auf diese Papiere entstanden sind.[6])[7])[8])

Zu § 8.

[1]) Die Notwendigkeit der Mitwirkung mehrerer Bankiers an Depotgeschäften hat, wie im Abschnitt 4 der Einleitung

gezeigt worden ist, zur Folge, daß die in den Besitz des hauptstädtischen Bankiers gelangenden Wertpapiere der Kunden der Provinzialbankiers dem Pfand- und Zurückbehaltungsrechte des ersteren unterworfen werden, selbst wenn sie weder in Geschäftsverbindung mit dem hauptstädtischen Bankier, noch in einem Schuldverhältnisse zu dem Provinzialbankier stehen. Solche Rechte des hauptstädtischen Bankiers können an Wertpapieren entstehen,

1. die ihm vom Provinzialbankier zum Zwecke der Aufbewahrung, des Umtausches oder des Bezugs anderer Wertpapiere oder
2. zum Zwecke des Verkaufs übersandt, oder
3. die von ihm auf Grund einer vom Provinzialbankier weitergegebenen Einkaufskommission angeschafft worden sind.

Der Regierungsentwurf forderte nur für die unter Ziffer 1 aufgeführten Fälle eine Mitteilung des Zwischenbankiers an den hauptstädtischen Bankier, daß die Wertpapiere fremde seien, während für die Fälle unter Ziffer 2 und 3 von einer gleichartigen Bestimmung abgesehen war: für die Verkaufskommission, weil es sich dabei regelmäßig nicht um längere Aufbewahrung handle, und das Interesse des Eigentümers an den Papieren mit deren Veräußerung erlösche; für die Einkaufskommission, weil die Bestimmung zu erheblichen Schwierigkeiten führen würde, „sowohl bezüglich der Bestimmung des Zeitpunktes, in welchem die Beschränkung des Pfandrechts des zweiten Kommissionärs einzutreten hätte,*) als bezüglich der Gestaltung des

*) An welche Schwierigkeiten hier gedacht wird, ist nicht ersichtlich Über den Zeitpunkt, zu dem ein Pfandrecht des zweiten Kommissionärs an dem Kommissionsgute rechtlich entstehen kann, waltet kein Zweifel ob: es ist das der Zeitpunkt, in dem der zweite Kommissionär dem Zwischenbankier das Eigentum an den kommissionsweise beschafften Papieren durch constitutum possessorium

Rechnungsverhältnisses der beiden Kommissionäre, da für dieses die bloße Trennung in ein eigenes Konto des Provinzialbankiers und ein allgemeines Konto der sämtlichen Kunden desselben jedenfalls nicht ausreichen würde". (Begründung S. 83.) Die Ausdehnung der Vorschrift auf Verkaufs- und Einkaufskommission beruht auf einem Beschlusse der Reichstagskommission (Kommissionsbericht S. 6).

[2]) Eine Versendung fremder Wertpapiere zum Zwecke der Aufbewahrung kommt vornehmlich im Verfolg eines Verwahrungs- oder Verpfändungsvertrags vor. Sie kann im Interesse des Hinterlegers oder Verpfänders erfolgen und sich somit als eine Verfügung des Verwahrers oder Pfandgläubigers im Sinne des § 1 Abs. 2 darstellen (vgl. Anm. 11 zu § 1). Sie kann ferner lediglich bezwecken, die Papiere durch einen Dritten aufbewahren zu lassen (vgl. Anm. 9 zu § 1).

Auch bei der Versendung von Wertpapieren als Pfand entsteht für den Empfänger die Verpflichtung, sie aufzubewahren. Das Pfandrecht kann in diesem Fall, wenn die Papiere als fremde bezeichnet sind, nach § 8 Abs. 2 nur wegen solcher Forderungen geltend gemacht werden, die mit Beziehung auf diese Papiere entstanden sind. Als Beispiel diene folgender Fall. Der Provinzialbankier hat eine Einkaufskommission an den hauptstädtischen Bankier weiter gegeben und darauf unter Stundung des Kaufpreises die beschafften Papiere erhalten. Er hat das Eigentum daran durch constitutum possessorium auf den Kunden übertragen; nachdem er von diesem keine Deckung erhalten hat, sendet er die in seinem Pfandbesitz befindlichen Papiere dem hauptstädtischen

---

überträgt. Zu diesem Zeitpunkte tritt auch die rechtliche Wirkung der Mitteilung, daß die Anschaffung für fremde Rechnung geschehe, nämlich die Beschränkung des Pfandrechts, ein.

Bankier als Sicherheit für den gestundeten Kaufpreis zurück. Dann würden diese Papiere dem Pfandrechte des hauptstädtischen Bankiers nur insoweit unterworfen sein, daß sie für den geschuldeten Kaufpreis haften.

Es ist weiterhin des Falles zu gedenken, daß ein Bankier unter Beobachtung der im § 2 getroffenen Vorschriften ermächtigt ist, in seinem Depot befindliche Papiere eines Kunden zu verpfänden. Durch die ihm nach § 8 obliegende Erklärung, daß die Papiere fremde seien, würde er gemäß Abs. 2 a. a. O. die Entstehung des Pfandrechts hindern und dadurch ein Rechtsverhältnis unmöglich machen, für dessen Begründung im § 2 besonders Vorsorge getroffen ist. Er kann diesen Erfolg freilich dadurch vermeiden, daß er neben der Erklärung, daß die Papiere fremde seien, dem hauptstädtischen Bankier seine Ermächtigung zur Verpfändung der Papiere dartut. Man wird jedoch aus der mit den fraglichen Vorschriften verbundenen Absicht des Gesetzes folgern dürfen, daß in einem solchen Falle, in dem der Eigentümer der Papiere sich durch eine dem § 2 entsprechende Erklärung mit ihrer Verpfändung einverstanden gezeigt hat, die Erklärung, daß die Papiere fremde seien, überhaupt unterbleiben dürfe.

Nicht unter die Bestimmung des § 8 fallen Versendungen von Papieren, die ein Kaufmann unter Begründung eines unregelmäßigen Verwahrungsvertrages erhalten hat (vgl. Anm. 4 lit. a zu diesem Paragraphen) und ebensowenig die Fälle des regelmäßigen Depots, in denen der Verwahrer und Pfandgläubiger ermächtigt worden ist, in seinem Depot befindliche Wertpapiere zu Reportgeschäften zu benutzen (vgl. Anm. 1 zu § 2). Letzteres ergibt sich daraus, daß das Reportgeschäft — wenigstens nach der herrschenden Ansicht — als doppelter Kaufvertrag anzusehen ist, und die Aushändigung von Papieren auf Grund dieses Geschäfts eine

Eigentumsübertragung und nicht eine Hingabe zur Verwahrung bedeutet.

[3]) Eine Versendung zum Umtausche oder zum Bezuge anderer Wertpapiere kann einerseits als Ausfluß eines mit einem Verwaltungsauftrage verbundenen Depots (§ 1 Abs. 2), andererseits auf Grund eines im § 5 behandelten Rechtsgeschäfts erfolgen.

[4]) Die Anwendbarkeit des § 8 ist davon abhängig, daß die zu versendenden Wertpapiere fremde sind, und bei der Einkaufskommission, daß die Anschaffung auf fremde Rechnung geschieht. Nach den Grundsätzen des bürgerlichen Rechts ist es zu beurteilen, ob diese Voraussetzung zutrifft. Dabei ist folgendes zu bemerken:

a) Da bei einem unregelmäßigen Verwahrungsvertrage (§ 2) das Eigentum an den hinterlegten oder verpfändeten Papieren auf den verwahrenden Bankier übergeht, diese Papiere also für ihn nicht fremde sind, so bedarf es bei der Weiterversendung solcher Papiere der Mitteilung des § 8 nicht.

b) Bei der Einkaufs- sowohl als bei der Verkaufskommission ist der Kommissionär im Falle des Selbsteintritts zu den im § 8 vorgesehenen Mitteilungen nicht verbunden. Bei der Verkaufskommission wird er infolge des Selbsteintritts Eigentümer der ihm zum kommissionsweisen Verkauf übersandten Papiere, die daher, wenn er sie zur Veräußerung weitergibt, seine und nicht fremde sind. Für den Fall des Selbsteintritts bei der Einkaufskommission ist das Geschäft, das der Kommissionär etwa mit einem Dritten schließt, ein Deckungsgeschäft, das er für sich und auf eigene Rechnung eingeht.

[5]) Die Mitteilung lautet am besten allgemein dahin, daß die ausgeantworteten Wertpapiere fremde seien, und bei der Einkaufskommission, daß die Anschaffung für fremde Rechnung geschehe. Die Benennung des Eigentümers der Papiere oder desjenigen, für dessen Rechnung

sie angeschafft werden sollen, ist nicht vorgeschrieben und auch nicht empfehlenswert, weil der Provinzialbankier dadurch seinen Kundenkreis dem hauptstädtischen Bankier preisgeben würde.

6) Die durch § 8 begründete Verpflichtung hat die im Abs. 2 daselbst bezeichneten privatrechtlichen Folgen, liegt aber selbst als eine Vorschrift gewerbepolizeilicher Natur auf dem Gebiete des öffentlichen Rechts. Eine Befreiung davon kann infolgedessen vertragsmäßig nicht begründet werden (vgl. Anm. 1 zu § 1).

7) Auf Grund des § 8 gestalten sich bei Mitwirkung mehrerer Bankiers an Rechtsgeschäften über Wertpapiere die rechtlichen und wirtschaftlichen Verhältnisse für die Beteiligten in folgender Weise:

I. Für den Dritten (den hauptstädtischen Bankier):

a) Er kann infolge der Mitteilung gemäß § 8 an den übergebenen oder an den neu beschafften Papieren ein Pfandrecht oder ein Zurückbehaltungsrecht nur wegen solcher Forderungen an seinen Auftraggeber geltend machen, die mit Bezug auf diese Papiere entstanden sind. Von dieser Einschränkung wird betroffen:

1. das gesetzliche Pfandrecht, das der Kommissionär an dem in seinem Besitze befindlichen Kommissionsgute wegen aller Forderungen aus laufender Rechnung in Kommissionsgeschäften nach § 397 des HGB. hat;
2. das vertragsmäßige Pfandrecht, das dem hauptstädtischen Bankier zur Sicherung aller seiner Ansprüche an den Provinzialbankier an allen in seinen Gewahrsam gelangenden Wertpapieren des letzteren eingeräumt zu werden pflegt;
3. das Zurückbehaltungsrecht, das ein Kaufmann

wegen fälliger*) Forderungen, die ihm gegen einen anderen Kaufmann aus den zwischen ihnen geschlossenen beiderseitigen Handelsgeschäften zustehen, an den in seinem Besitz befindlichen beweglichen Sachen und Wertpapieren des Schuldners hat, die mit dessen Willen auf Grund von Handelsgeschäften in seinen Besitz gekommen sind (vgl. §§ 369—372 des HGB.).

b) Der Eintritt der im Abs. 2 des § 8 bezeichneten Rechtsfolge ist davon abhängig, daß der Dritte die im Abs. 1 vorgesehene Mitteilung empfängt. Die Verantwortung dafür, daß die Mitteilung gemacht wird, liegt allein dem Zwischenbankier ob, und der Dritte ist nicht verpflichtet, bei Wertpapieren oder Aufträgen, die ihm ohne diese Mitteilung zugehen, sich darüber zu vergewissern, ob die Mitteilung zu Recht unterblieben ist. Nur dann kann eine Verletzung der Vorschrift des § 8 durch den Zwischenbankier für den Dritten nachteilig werden, wenn dieser gewußt hat oder den Umständen nach wissen mußte, daß es sich um fremde Wertpapiere oder einen Auftrag für fremde Rechnung handle.

Welche Bedeutung haben nachträgliche Erklärungen des Zwischenbankiers über die Wertpapiere, insbesondere seine Mitteilung, daß die ursprünglich als fremde bezeichneten Wertpapiere nicht mehr fremde seien? Das Reichsgericht lehnt in der Entscheidung vom 16. Februar 1898 (Civils. Bd. 41 S. 32), den Satz ab, daß der Lokalbankier, der die Mitteilung des § 8 gemacht hat, dem Zentralbankier gegenüber noch das volle Verfügungsrecht über die Papiere habe. Selbst wenn der Zentralbankier für seine Forderungen hinsichtlich der ihm als fremde bezeichneten Papiere vollständig befriedigt sei und

*) Nach § 370 des HGB. ist in den daselbst angeführten Fällen ein Zurückbehaltungsrecht auch wegen nicht fälliger Forderungen begründet.

der Lokalbankier demzufolge die Herausgabe der Papiere fordern könnte, dürfe dieser doch nicht ohne weiteres von dem Zentralbankier verlangen, daß er die bisher als fremde bezeichneten Papiere auf Grund einer bloßen gegenteiligen Mitteilung seinem uneingeschränkten Pfandrecht unterwerfe. Er würde hierzu nur befugt sein, wenn ihm von dem Lokalbankier nachgewiesen würde, daß dieser über die Papiere unbeschränkt verfügen dürfe, oder wenn er sich wenigstens in der Lage befände, redlicher Weise annehmen zu dürfen, daß dies der Fall sei. Übrigens brauchte sich der Zentralbankier auf eine Prüfung der ihm etwa von seinem Auftraggeber vorgelegten Nachweisungen nicht einzulassen. Er könne die damit für ihn verbundene Gefahr von sich ablehnen und seinem Auftraggeber überlassen, die Papiere nach Erledigung der Forderungen, für die sie nach § 8 Abs. 2 haften, aus dem Depot zurückzuziehen. Ebensowenig könne der Lokalbankier verlangen, daß der Zentralbankier die Papiere veräußere und ihm den Preis gutschreibe. Der praktische Nutzen dieser strengen Auffassung des Reichsgerichts für das Publikum ist freilich nur von geringerer Bedeutung, da der Lokalbankier, wie die Entscheidung ausdrücklich einräumt, sich die als fremde bezeichneten Papiere, nachdem die mit Bezug auf sie entstandenen Forderungen des Zentralbankiers befriedigt sind, zurückgeben und sie dann dem Zentralbankier, sei es zur Veräußerung auf seine, des Lokalbankiers, Rechnung, sei es ohne die Bezeichnung als fremde zur Aufbewahrung wieder zusenden kann.

c) Um der Bestimmung des § 8 zu genügen, wird der hauptstädtische Bankier ein besonderes Depot für Wertpapiere anlegen müssen, die ihm als fremde bezeichnet oder von ihm auf Grund eines Auftrags für fremde Rechnung beschafft sind. Da die diesem Depot zugeführten Wertpapiere der Beschränkung des § 8 Abs. 2 unterliegen, sind sie nicht geeignet, für den allgemeinen Geschäftsverkehr zwischen den hauptstädtischen

Bankiers und den Provinzialbankiers und insbesondere für den Kontokorrentverkehr als Kreditunterlage zu dienen. Sehr verwickelt gestalten sich die Verhältnisse, wenn bei Einkaufskommissionen, die an einen Dritten weitergegeben werden, der Kaufpreis ganz oder teilweise gestundet werden soll, da alsdann für jedes Papier besonders festgestellt werden muß, in welchem Umfange es dem Pfandrechte des hauptstädtischen Bankiers unterworfen ist. Um diesen Schwierigkeiten zu entgehen, haben eine Anzahl Berliner Bankgeschäfte den Ausweg gewählt, Einkaufskommissionen, bei denen ihnen die Mitteilung des § 8 wird, ohne daß gleichzeitig der volle Kaufpreis berichtigt wird, nur unter der Voraussetzung auszuführen, daß auf die Übersendung des Stückeverzeichnisses und Vollziehung der Eigentumsübertragung verzichtet werde. Durch diesen Verzicht werden sie davon befreit, die auf Kredit beschafften Papiere in das ihnen nur eine beschränkte Verfügung erlaubende Kundendepot zu nehmen und sind bis zur Berichtigung des Kaufpreises nur verbunden, gleichartige Papiere bereit zu halten.

II. Für den Provinzialbankier.

In Anm. 4 ist dargelegt, daß der Provinzialbankier beim unregelmäßigen Verwahrungsvertrage und bei Kommissionen, die er durch Selbsteintritt ausführt, in Anm. 2, daß er bei Weitergabe fremder Wertpapiere als Pfand oder zu Reportzwecken, sofern er hierzu eine formgerechte Ermächtigung des Kunden erhalten hat, die Erklärung des § 8 nicht abzugeben hat.

Es bleibt noch zu untersuchen, von welchem Einflusse der dem Provinzialbankier bei der Einkaufskommission erklärte Verzicht auf das Stückeverzeichnis für seine Verpflichtung ist, bei Weitergabe der Kommission dem Dritten die Mitteilung des § 8 zu machen.

Bedeutet dieser Verzicht nur den Verzicht auf die durch das Stückeverzeichnis gewährte Bescheinigung des

Eigentumsüberganges, nicht auf den Eigentumsübergang selbst (vgl. Anm. 9 zu § 3), so hat nach Wortlaut und Zweck des § 8 der Provinzialbankier ohne Zweifel dem Dritten die daselbst bezeichnete Erklärung abzugeben. Wenn dagegen der Kommittent durch den Verzicht auf das Stückeverzeichnis darauf verzichten will, Eigentümer bestimmter Stücke zu werden, so mangelt einer Erklärung des Kommissionärs bei Weitergabe des Auftrags, daß es sich um einen fremden Auftrag handle, der Zweck. Denn die Absicht des § 8, das Eigentum des Kommittenten an den für seine Rechnung zu beschaffenden Papieren sicherzustellen, kann nicht in Frage kommen, wenn dieser nicht Eigentümer werden, sondern auf ein Forderungsrecht angewiesen sein will.

Über die Möglichkeit, daß der Zwischenbankier die auf Grund des § 8 abgegebene Erklärung später ändere, vgl. die vorstehenden Ausführungen unter Ib.

III. Für das Publikum.

Die Absicht des Gesetzes, das Publikum davor zu sichern, daß seine Vermögenswerte die Unterlage für den Verkehr der Banken untereinander bilden und dadurch der Gefahr des Verlustes ausgesetzt werden, wird in den Fällen am vollkommensten erreicht, in denen ein Bankier Wertpapiere seiner Kunden lediglich zur Aufbewahrung weitergibt. Erfüllt er dabei die Vorschrift des § 8, so ist das Eigentum des Kunden sichergestellt, indem sich der Dritte für Forderungen an den Provinzialbankier Befriedigung daraus nicht verschaffen darf.

Bei der Versendung fremder Wertpapiere zum Zwecke des Umtausches oder des Bezuges anderer Wertpapiere genießt der Kunde denselben vollen Schutz seines Eigentums, wenn man der Auffassung des Reichsgerichts beipflichtet, daß die vom Kommissionär eingetauschten oder bezogenen Wertpapiere unmittelbar Eigentum des Kommittenten werden (vgl. die Fußnote auf

S. 23 und Anm. 1 zu § 7). Nimmt man dagegen an, daß zum Eigentumserwerb des Kommittenten die Eigentumsübertragung durch den Kommissionär erforderlich sei, so reicht die Sicherung des Kunden nur bis zu dem Augenblicke, wo sein Eigentum an den versandten Papieren durch Vollziehung des Umtausches oder Ausübung des Bezugsrechts erlischt, und beginnt wieder von dem Augenblick an, in dem er das Eigentum an den neu beschafften Papieren erwirbt. In der Zwischenzeit, bis der hauptstädtische Bankier das Eigentum an den neuen Stücken durch constitutum possessorium auf den Provinzialbankier, und dieser wieder auf den Kunden übertragen hat, würde sich für den Kunden bei eintretendem Konkurse des Zwischenbankiers folgende Rechtslage ergeben: Hat der hauptstädtische Bankier bei Eintritt des Konkurses des Zwischenbankiers das constitutum possessorium noch nicht vollzogen, so kann der Kunde nach § 392 des HGB. von der Konkursmasse fordern, daß der Anspruch des Provinzialbankiers auf Vollziehung des constitutum ihm abgetreten werde, und kann diesen Anspruch gegenüber dem hauptstädtischen Bankier geltend machen. Ist dagegen der Zwischenbankier bei Eintritt seines Konkurses bereits Eigentümer der neuen Stücke geworden, ohne seinerseits das constitutum vollzogen zu haben, so fallen die Stücke der Konkursmasse zu, der gegenüber der Kunde seinen Anspruch als Konkursgläubiger verfolgen muß.*)

---

*) In den in Anm. 4 zu § 5 bezeichneten Fällen, in denen der Provinzialbankier Stellvertreter des Kunden in tatsächlichem Sinne ist und ein Kommissionsgeschäft überhaupt nicht in Frage steht, erwirbt er für den Kunden zweifellos unmittelbar Eigentum, das durch eine gemäß § 8 abgegebene Erklärung gegen den Zugriff des Zentralbankiers wegen dessen Forderungen an den Kommissionär gesichert ist.

Bei der Einkaufs- und Verkaufskommission ist die für das Publikum beabsichtigte Sicherung zunächst davon abhängig, daß der Kommissionär den Auftrag nicht durch Selbsteintritt erledigt. Ob dies der Fall ist, ergibt sich nach § 405 des HGB. stets aus der Ausführungsanzeige (vgl. Einleitung S. 17 und Fußnote auf S. 72). Es sind daher die Fälle, in denen der Kommissionär zu der Mitteilung nach § 8 verbunden ist, erkennbar bestimmt.

Die Mitteilung des § 8 gewährt dem Kommittenten in folgendem Umfange Schutz: Bei der Verkaufskommission währt seine Sicherung so lange, bis die Veräußerung der Stücke erfolgt: was namentlich bei limitierten Aufträgen von Bedeutung werden kann. Wenn der Verkauf erfolgt und der Kaufpreis dem Provinzialbankier gezahlt oder gutgeschrieben ist, so hat, wenn dieser nunmehr in Konkurs geht, der Kunde nur eine Forderung an die Masse. Gerät der Provinzialbankier dagegen in Konkurs, bevor der Kaufpreis mit ihm verrechnet ist, so hat der Kunde zwar einen Anspruch an die Konkursmasse auf Abtretung der Kaufgeldforderung an den hauptstädtischen Bankier: der Anspruch wird aber meist ohne Wert sein, weil der hauptstädtische Bankier seine Forderungen gegen diese Schuld aufrechnen kann.

Bei der Einkaufskommission kann eine Sicherung des Kunden für den Fall des Konkurses des Provinzialbankiers erst mit der Ausführung der Kommission in Frage kommen, da er vorher den aus der Zahlung des Kaufpreises erworbenen Anspruch nur als Konkursgläubiger verfolgen kann. Ist die Ausführung der Einkaufskommission erfolgt, so ist die Rechtslage die gleiche wie oben (S. 92) für die Umtauschkommission unter der Voraussetzung dargestellt worden ist, daß bei dieser zum Eigentumserwerb des Kommittenten die Eigentumsübertragung durch den Kommissionär nötig sei. Hat der Dritte (der hauptstädtische Bankier) dem Zwischenbankier

Eigentum an den beschafften Stücken noch nicht übertragen, so kann der Kommittent von der Konkursmasse die Abtretung des Anspruchs auf Übertragung des Eigentums fordern. Hat der Dritte das Eigentum dem Zwischenbankier übertragen, so fallen die Papiere der Konkursmasse zu, an die sich der Kommittent als Konkursgläubiger halten muß. Ist es endlich dem Kommittenten übertragen, so genießt er den vollen Schutz des Eigentümers.

8) Das Gesetz läßt die Frage offen, inwieweit die Bestimmungen des § 8 in dem Falle anwendbar sind, daß der Dritte seine Niederlassung im Auslande hat. Die Beantwortung der Frage ist namentlich für die Kommissionen, die nicht selten an ausländischen Börsen ausgeführt werden müssen, bedeutsam. Wenn erwogen wird, daß die in Absatz 2 bezeichneten Rechtsfolgen der vorgeschriebenen Mitteilungen durch ein deutsches Gesetz für das Ausland nicht begründet werden können, so liegt der Schluß nahe, daß es nicht die Absicht des Gesetzgebers gewesen sei, die Mitteilungen des § 8 für Fälle vorzuschreiben, in denen es außerhalb seiner Macht liegt, an sie die Wirkungen zu knüpfen, um derentwillen sie erfolgen sollen. Andererseits darf nicht verkannt werden, daß durch die Aufstellung des Satzes, wonach die Mitteilungen des § 8 nach dem Auslande nicht gemacht zu werden brauchen, der mit der gedachten Vorschrift bezweckte Schutz des Publikums eine nicht unbedenkliche Lücke erhält, die durch die Mitteilungen in gewissem Umfange geschlossen werden würde. Denn wenn schon der § 8 des Depotgesetzes im Auslande der Gültigkeit entbehrt, so werden doch Mitteilungen nach Art des § 8 durchweg nach den ausländischen Rechten ähnliche Rechtsfolgen haben wie sie im Absatz 2 a. a. O. für Deutschland vorgesehen sind. Hiernach möchte der Ansicht der Vorzug zu geben sein, daß die Bestimmung des § 8 auch im Verkehr mit ausländischen Bankiers auszuführen ist.

§ 9.[1])

Wenn ein Kaufmann über Wertpapiere der im § 1 bezeichneten Art, welche ihm zur Verwahrung oder als Pfand übergeben sind, oder welche er als Kommissionär für den Kommittenten in Besitz genommen hat,[2]) außer dem Falle des § 246 des Strafgesetzbuchs[3]) zum eigenen Nutzen oder zum Nutzen eines Dritten rechtswidrig[4]) verfügt,[5]) wird er mit Gefängnis bis zu einem Jahre und Geldstrafe bis zu dreitausend Mark oder mit einer dieser Strafen bestraft.[6])

Der gleichen Strafe unterliegt, wer der Vorschrift des § 8 zum eigenen Nutzen oder zum Nutzen eines Dritten vorsätzlich zuwiderhandelt.[7])

Ist der Täter ein Angehöriger (§ 52 Abs. 2 des Strafgesetzbuchs) des Verletzten, so tritt die Verfolgung nur auf Antrag ein. Die Zurücknahme des Antrages ist zulässig. Der § 247 Absatz 2 und 3 des Strafgesetzbuchs findet entsprechende Anwendung.[8])

Zu § 9.

[1]) Über die Unzulänglichkeit der früheren strafrechtlichen Bestimmungen und insbesondere des Unterschlagungsbegriffs gegenüber Depotveruntreuungen vgl. Einleitung S. 23 ff. Durch das Depotgesetz wird hierin Wandel geschaffen: teils dadurch, daß infolge der schärferen Hervorhebung der Eigentumsverhältnisse an Wertpapieren, die sich im kaufmännischen Depot befinden, die nicht selten zu einer Freisprechung führenden Zweifel, ob derartige Wertpapiere zivilrechtlich fremde seien, und als solche von dem Verwahrer angesehen werden mußten, künftig

kaum noch entstehen können; teils durch die Ergänzung, die der Unterschlagungsbegriff in der obigen Strafvorschrift erfährt.

[2]) Sei es auf Grund einer Einkaufskommission, sei es auf Grund eines der im § 5 bezeichneten Aufträge.

[3]) Die Anwendbarkeit des § 9 ist ausgeschlossen, wenn die zur Verfolgung gezogene Handlung den Tatbestand der Unterschlagung (§ 246 des StGB.) bildet. Deshalb ist insbesondere bei einer rechtswidrigen Verpfändung von Wertpapieren zu prüfen, ob diese die Merkmale einer Zueignung oder einer nicht als Zueignung anzusprechenden Verfügung über die Papiere an sich trägt: wovon dann die Anwendung des § 246 des StGB. oder der obigen Bestimmung abhängig ist.

[4]) Nicht rechtswidrig sind Verfügungen, die

a) durch das Interesse des Hinterlegers oder Verpfänders geboten sind (§ 1 Abs. 2 und Anm. 11 zu § 1),

b) vom Hinterleger oder Verpfänder, und zwar insoweit er nicht Bankier ist, durch ausdrückliche und schriftliche Ermächtigung zugelassen sind (§ 2),

c) in Ausübung eines bestehenden Rechts vorgenommen werden, wie der Zwangsverkauf des Kommissionsguts oder des Faustpfandes gemäß § 398 und § 368 des HGB. in Verbindung mit §§ 1228 ff. des BGB.

[5]) Durch das Zeitwort „verfügen" ist dem Erfordernisse der Vorsätzlichkeit Ausdruck gegeben. Der Tatbestand des § 9 liegt nur vor, wenn sich der Täter der Rechtswidrigkeit seiner Verfügung bewußt ist. Ohne dieses Merkmal fällt eine, obschon objektiv rechtswidrige, Verfügung nicht unter die Bestimmung des § 9: so z. B. nicht, wenn der Verfügende sie mit Rücksicht auf das Interesse des Hinterlegers, Verpfänders oder Kommittenten für geboten gehalten hat.

[6]) Unter den § 9 fällt nicht die Benutzung anvertrauter Aktien zur Ausübung des Stimmrechts in der Generalversammlung: Es bewendet hierfür bei der Bestimmung des § 318 des HGB., wonach derjenige, der in der Generalversammlung die Aktien eines anderen, zu dessen Vertretung er nicht befugt ist, ohne dessen Einwilligung zur Ausübung des Stimmrechts oder eines der in den §§ 254, 264, 266, 268, 271, 295, 309 bezeichneten Rechte benutzt, mit Geldstrafe von 10 bis 30 Mk. für jede Aktie, jedoch nicht unter 1000 Mk., bestraft wird.

[7]) Der Tatbestand des Abs. 2 liegt vor, wenn in den Fällen des § 8 der die Wertpapiere oder die Einkaufskommission weitergebende Kaufmann die daselbst vorgeschriebenen Mitteilungen wissentlich zu seinem Nutzen oder zum Nutzen eines Dritten unterläßt. Das letztere Merkmal ist gegeben, wenn durch die Unterlassung der Mitteilung die Entstehung eines Pfand- oder Zurückbehaltungsrechts ermöglicht wird.

Fälle, in denen der Verwahrer oder Pfandgläubiger in seinem Gewahrsam befindliche fremde Papiere ohne die Mitteilung des § 8 weitergibt, können neben dem Tatbestande des Abs. 2 auch den des Abs. 1 bilden, insofern in der die Entstehung von Pfand- und Zurückbehaltungsrechten ermöglichenden Weitergabe der Papiere eine rechtswidrige Verfügung zum eigenen Nutzen oder zum Nutzen eines Dritten zu erblicken ist.

Wer die Mitteilung das § 8 ordnungsgemäß gemacht hat, sie aber nachträglich, ohne dazu befugt zu sein, widerruft und dadurch die Entstehung von Pfand- und Zurückbehaltungsrechten ermöglicht (vgl. Anm. 7 I b zu § 8), wird auf Grund des Abs. 1 zur Verantwortung zu ziehen sein.

[8]) Der Abs. 3 trifft ähnliche Vorschriften, wie sie für den Tatbestand der Unterschlagung vorgesehen sind.

§ 10.[1])

Ein Kaufmann, welcher seine Zahlungen eingestellt hat oder über dessen Vermögen das Konkursverfahren eröffnet worden ist, wird mit Gefängnis bis zu zwei Jahren bestraft, wenn er den Vorschriften des § 1 Ziffer 1 oder 2 vorsätzlich zuwidergehandelt hat[2]) und dadurch der Berechtigte bezüglich des Anspruches auf Aussonderung der von jenem zu verwahrenden Wertpapiere benachteiligt wird, desgleichen wenn er als Kommissionär den Vorschriften der §§ 3 oder 5 vorsätzlich zuwidergehandelt hat und dadurch der Berechtigte bezüglich des Anspruches auf Aussonderung der von jenem eingekauften, eingetauschten oder bezogenen Wertpapiere benachteiligt wird.

Zu § 10.

[1]) Vgl. Einleitung S. 47 ff.

[2]) Der Tatbestand des Vergehens wird schon durch die Zuwiderhandlung gegen eine der beiden in § 1 Ziff. 1 und 2 gegebenen Vorschriften erfüllt, wenn durch dieselbe eine Benachteiligung der Berechtigten herbeigeführt worden ist (Begründung zu § 11).

§ 11.[1])

Ein Kaufmann, welcher seine Zahlungen eingestellt hat oder über dessen Vermögen das Konkursverfahren eröffnet worden ist, wird mit Zuchthaus bestraft, wenn er im Bewußtsein seiner Zahlungsunfähigkeit oder Überschuldung[2]) fremde Wertpapiere, welche er im Betriebe seines Handelsgewerbes als Verwahrer, Pfandgläubiger oder Kommissionär in Gewahrsam genommen, sich rechtswidrig zugeeignet hat.

Sind mildernde Umstände vorhanden, so tritt Gefängnisstrafe nicht unter drei Monaten ein.

Zu § 11.

[1]) Vgl. Einleitung S. 47ff.

[2]) Ein ursächlicher Zusammenhang zwischen der Zueignung und der Zahlungseinstellung oder Konkurseröffnung wird bei der Vorschrift des § 11 ebensowenig vorausgesetzt, wie in den Fällen des § 239 der Konkursordnung hinsichtlich der dort vorgesehenen Bankerotthandlungen. Dagegen müssen beide Tatbestandsmerkmale hier wie dort in einem zeitlichen Zusammenhange stehen, und zwar hier in der Weise, daß die zur Zeit der rechtswidrigen Zueignung bestehende Zahlungsunfähigkeit oder Überschuldung zu derjenigen Zahlungseinstellung oder Konkurseröffnung geführt hat, die als zweites Tatbestandsmerkmal in Betracht kommt (Begründung zu § 12).

§ 12.[1])

Die Strafvorschrift des § 9 findet gegen die Mitglieder des Vorstandes einer Aktiengesellschaft oder eingetragenen Genossenschaft, die Geschäftsführer einer Gesellschaft mit beschränkter Haftung, sowie gegen die Liquidatoren einer Handelsgesellschaft oder eingetragenen Genossenschaft Anwendung, wenn sie in Ansehung von Wertpapieren, die sich im Besitze der Gesellschaft oder Genossenschaft befinden oder von dieser einem Dritten ausgeantwortet sind, die mit Strafe bedrohte Handlung begangen haben.

Die vorbezeichneten Personen werden, wenn die Gesellschaft oder Genossenschaft ihre Zahlungen eingestellt hat, oder wenn über deren Vermögen das Konkursverfahren eröffnet worden ist, bestraft

1. gemäß § 10, wenn sie den Vorschriften des § 1 Ziffer 1 oder 2 oder den Vorschriften der §§ 3 oder 5 vorsätzlich zuwidergehandelt haben und dadurch der Berechtigte bezüglich des Anspruches auf Aussonderung der von der Gesellschaft oder Genossenschaft zu verwahrenden oder von ihr eingekauften, eingetauschten oder bezogenen Wertpapiere benachteiligt wird,
2. gemäß § 11, wenn sie im Bewußtsein der Zahlungsunfähigkeit oder Überschuldung der Gesellschaft oder Genossenschaft fremde Wertpapiere, welche von dieser als Verwahrer, Pfandgläubiger oder Kommissionär in Gewahrsam genommen sind, sich rechtswidrig zugeeignet haben.

Zu § 12.

1) Auf die Mitglieder des Vorstandes einer Aktiengesellschaft oder eingetragenen Genossenschaft, die Geschäftsführer einer Gesellschaft mit beschränkter Haftung und die Liquidatoren einer Handelsgesellschaft oder eingetragenen Genossenschaft, welche in Ansehung der in der Verwahrung der Gesellschaft oder Genossenschaft befindlichen oder von ihr angeschafften oder einem Dritten ausgeantworteten Wertpapiere eine der in den §§ 9 bis 11 mit Strafe bedrohten Handlungen begangen haben, würden die betreffenden Strafvorschriften an sich nicht Anwendung

finden, da nicht der gesamte Tatbestand der fraglichen Handlungen sich in ihrer Person erfüllt. Es bedarf daher einer besonderen Vorschrift, welche — entsprechend dem § 244 der Konkursordnung — die Strafbarkeit der Vertreter der bezeichneten Gesellschaften und Genossenschaften begründet.

Diesem Zweck dient der obige § 12. In den Fällen der §§ 9 und 11 kann es für die Strafbarkeit keinen Unterschied begründen, ob die rechtswidrige Verfügung oder Zueignung zum persönlichen Vorteil des Täters verübt ist oder zum Vorteil der Gesellschaft oder Genossenschaft, für die der Täter in seiner Eigenschaft als Gesellschafts- oder Genossenschaftsorgan gehandelt hat. In den Fällen des § 10 können überhaupt nur Handlungen der letzteren Art in Frage kommen (Begründung zu § 13).

§ 13.

Dieses Gesetz findet auf diejenigen Klassen von Kaufleuten[1]) keine Anwendung, für welche gemäß § 4 des Handelsgesetzbuchs[2]) die Vorschriften über die Handelsbücher keine Geltung haben.[3])[4])

Zu § 13.

[1]) Die sogenannten Minderkaufleute. Es sind dies die Handwerker, sowie solche Personen, deren Gewerbebetrieb nicht über den Umfang des Kleingewerbes hinausgeht. Nach § 4 Abs. 1 des HGB. sind die Landesregierungen befugt, Bestimmungen zu erlassen, durch welche die Grenze des Kleingewerbes auf der Grundlage der nach dem Geschäftsumfange bemessenen Steuerpflicht oder in Ermangelung einer solchen Besteuerung nach anderen Merkmalen näher festgesetzt wird. Von dieser Befugnis ist für Preußen kein Gebrauch gemacht worden.

[2]) Der Hinweis der ursprünglichen Fassung (Art. 10 des HGB.) ist durch die Bezugnahme auf § 4 des neuen HGB. ersetzt worden.

[3]) Da im Depotgesetze ein Anfangstermin seiner verbindlichen Kraft nicht bestimmt ist, begann die letztere nach Art. 2 der Verfassung des Deutschen Reichs vom 16. April 1871 mit dem vierzehnten Tage nach dem Ablaufe des Tages, an dem das die Verkündigung enthaltende Stück des Reichs-Gesetzblatts in Berlin ausgegeben worden ist. Es kann zweifelhaft sein, ob der Lauf dieser Frist für das Depotgesetz mit der Ausgabe des Stückes 19 des RGBl., worin das Gesetz, oder des Stückes 20, worin die Berichtigung des Gesetzestextes abgedruckt ist, begonnen hat, und ob demzufolge das Depotgesetz am 30. Juli oder am 6. August 1896 in Kraft getreten ist. Bei der geringen und gegenwärtig wohl nur noch geschichtlichen Bedeutung dieser Frage kann auf ihre Erörterung verzichtet werden.*)

[4]) In betreff der Anwendbarkeit der Bestimmungen des Depotgesetzes auf Rechtsverhältnisse, die zur Zeit seines Inkrafttretens bereits bestanden, ist folgendes zu bemerken.

Der Verwahrer und Pfandgläubiger hat nach Wortlaut und Absicht des § 1 die daselbst bezeichneten gewerbepolizeilichen Verpflichtungen (gesonderte Aufbewahrung und buchmäßige Festhaltung der Depots) auch für Wertpapiere zu erfüllen, die ihm vor Inkrafttreten des Gesetzes zu Verwahrung oder als Pfand übergeben worden sind.

§ 2 hat insofern keine rückwirkende Kraft, als Rechtsverhältnisse der daselbst behandelten Art, die vor Inkrafttreten des Gesetzes begründet sind, rechtsgültig bleiben,

---

*) Auch die Erörterung der staatsrechtlichen Frage, ob die Verkündigung des Depotgesetzes in rechtsverbindlicher Weise erfolgt ist, fällt aus dem Rahmen dieser Arbeit heraus. Das Reichsgericht hat diese Frage in der Entscheidung vom 16. Februar 1898 (Civils. Bd. 41 S. 32) bejaht.

auch wenn die Ermächtigungen nicht in der im § 2 bezeichneten Form erklärt worden sind. Ein vorher formlos begründeter unregelmäßiger Verwahrungsvertrag, eine dem Verwahrer formlos erteilte Ermächtigung zur Verfügung über ein Depot bleiben rechtswirksam. Das bezieht sich aber nur auf bestimmte Geschäfte, die vor Inkrafttreten des Gesetzes bereits perfekt geworden sind. Allgemeine Abmachungen, etwa in der Form von Geschäftsbedingungen, wonach alle dem Verwahrer auch künftig zugehenden Papiere eines Kunden in sein Eigentum übergehen oder seiner Verfügung unterworfen sein sollen, sind für Depots, die erst nach Inkrafttreten des Gesetzes entstehen, nicht mehr wirksam.*)

Die Verpflichtung des Kommissionärs zur Übersendung von Stückeverzeichnissen (§§ 3—7) besteht nur für Kommissionen, die nach Inkrafttreten des Gesetzes ausgeführt sind. Eine nachträgliche Übersendung von Stückeverzeichnissen für vorher ausgeführte Kommissionen ist auch dann nicht erforderlich, wenn die Papiere im Gewahrsam des Kommissionärs geblieben sind. Dagegen hat der Kommissionär in diesem Falle die im § 1 bezeichneten Pflichten eines Verwahrers, indem § 7 Abs. 2 in demselben Umfange wie § 1 rückwirkende Kraft hat.

§ 8 hat keine rückwirkende Kraft. Pfandrechte und Zurückbehaltungsrechte, die vor Inkrafttreten des Gesetzes in rechtsgültiger Weise entstanden sind, werden durch die Bestimmungen des § 8 nicht unwirksam.

Daß die Strafbestimmungen des Depotgesetzes (§§ 9—12) keine rückwirkende Kraft haben, folgt aus § 2 des StGB., wonach eine Handlung nur dann mit Strafe belegt werden kann, wenn diese Strafe gesetzlich bestimmt war, bevor die Handlung begangen wurde.

---

*) Außer in dem Falle, daß der Hinterleger oder Pfandgläubiger Bankier ist.

III.

Sachregister.

(Die Zahlen bedeuten die Seiten.)

T.

U.

V.

W.

Z.

Druck von A. W. Hayn's Erben, Berlin und Potsdam.

Verzeichnis

der

Guttentag'schen Sammlung Deutscher Reichs- und Preussischer Gesetze

Text-Ausgaben

mit Anmerkungen u. Sachregister

Guttentag'sche Sammlung

Deutscher Reichsgesetze.

Text-Ausgaben mit Anmerkungen. Taschenformat.

1. **Verfassung** des Deutschen Reichs. Gegeben Berlin den 16. April 1871. Von Dr. **L. von Rönne**. Neunte Auflage von Landrath **Paul von Rönne**. 2 M. 40 Pf.

2. **Strafgesetzbuch** für das Deutsche Reich. Nebst den gebräuchlichsten Reichs-Strafgesetzen: Presse, Entziehung elektrischer Arbeit, Kranken-, Unfall-, Invalidenversicherung, Gewerbeordnung, unlautere Wettbewerb, Depot- und Börsengesetz, gewerbliche Kinderarbeit u. s. w. Von Dr. **H. Rüdorff**. Einundzwanzigste Auflage von Dr. **H. Appelius** Kammergerichtsrath. 1 M. 20 Pf.

3. **Militärstrafgerichtsordnung** nebst Einführungsgesetz und **Gesetz, betreffend die Dienstvergehen der richterlichen Militärjustizbeamten und die unfreiwillige Versetzung derselben in eine andere Stelle oder in den Ruhestand. Bearbeitet von Dr. Paul Herz, Senatspräsident am Reichsmilitärgericht. Dritte Auflage. 4 M.**

   Militär-**Strafgesetzbuch** s. RG. Nr. 67.

4. **Handelsgesetzbuch vom 10. Mai 1897** unter Ausschluß des Seerechts. Mit den ergänzenden Vorschriften des Bürgerlichen Gesetzbuchs und Erläuterungen herausgegeben von **F. Litthauer**, Justizrath. Zwölfte Auflage. 2 M. 80 Pf.

5. Allgemeine Deutsche **Wechselordnung.** Achte Auflage von Justizrath Dr. **J. Stranz** und Rechtsanwalt Dr. **M. Stranz,** und das Reichsgesetz über die **Wechselstempelsteuer.** Von Regierungsrath **P. Loeck.** Siebente Auflage. 3 M.

6. **Gewerbeordnung** für das Deutsche Reich nebst allen Ausführungsbestimmungen. Ursprünglich herausgegeben von **T. Ph. Berger** und Dr. **L. Wilhelmi.** Sechszehnte Auflage bearbeitet von Oberverwaltungsgerichtsrath **H. Spangenberg.** 3 M.

7. Die deutsche **Post- und Telegraphen-Gesetzgebung.** Nebst dem Weltpostvertrag und dem internationalen Telegraphenvertrag. Von Wirkl. Geh. Rath Dr. **Fischer.** Fünfte Auflage bearbeitet von Geh. Postrath Dr. **M. König.** 3 M.

8. Die Reichsgesetze über den **Unterstützungswohnsitz** in der Fassung der Novelle vom 12. März 1894, **die Freizügigkeit, den Erwerb und Verlust der Bundes- und Staatsangehörigkeit,** nebst allen landesgesetzlichen Bestimmungen. Von Geheimrath Dr. **J. Krech,** Mitglied des Bundesamtes für das Heimathwesen. Fünfte Auflage. 2 M. 70 Pf.

9a. Sammlung **kleinerer privatrechtlicher Reichsgesetze.** Von **F. Vierhaus.** Zweite Auflage in Vorbereitung.

9. Sammlung **kleinerer strafrechtlicher Reichsgesetze.** Mit den Entscheidungen des Reichsgerichts bearbeitet von **M. Werner,** Geh. Ober-Regierungsrath. Zweite Auflage. 3 M.

Inhalt: Inhaberpapiere — Presse — Personenstand — Urheberrechtsgesetzgebung — Rinderpest — Nahrungs- und Genußmittel — Sprengstoff — Feingehalt von Gold- und Silberwaaren — Patentgesetz — Handfeuerwaffen — Gebrauchsmusterschutz — Militärische Geheimnisse — Waarenbezeichnung — unlauterer Wettbewerb — Auswanderung — Margarine — Wein — Sklavenraub — Fleischbeschau — Reichsseuchengesetz — Süßstoff — Reichskassenscheine.

10. Das **Reichsbeamtengesetz** vom 31. März 1873 und seine Ergänzungen. Erläutert von **J. Pieper,** Geh. Ober-Regierungsrath. Zweite Auflage. 4 M. 50 Pf.

11. **Civilprozeßordnung mit Gerichtsverfassungsgesetz** und den Einführungsgesetzen. Unter besonderer Berücksichtigung der Entscheidungen des Reichsgerichts herausgegeben mit Anmerkungen von **R. Sydow,** Unterstaatssekretär und **L. Busch,** Kammergerichtsrath. Neunte Auflage. 8°. 5 M.

Dieser Band ist in größerem Format erschienen!

12. **Strafprozeßordnung und Gerichtsverfassungsgesetz** nebst dem Gesetz, betreffend die Entschädigung der in Wiederaufnahmeverfahren freigesprochenen Personen. Von **A. Hellweg,** Reichsgerichtsrath. Dreizehnte Auflage. 2 M.

13. **Konkursordnung und Anfechtungsgesetz.** Unter besonderer Berücksichtigung der Entscheidungen des Reichsgerichts herausgegeben mit Anmerkungen von **R. Sydow** u. **L. Busch.** Neunte Auflage. 2 M. 25 Pf.

14. **Gerichtsverfassungsgesetz** mit Einführungsgesetz, Nebengesetzen und Ergänzungen. Herausgegeben von **R. Sydow** u. **L. Busch.** Neunte Auflage in Vorbereitung.

15. Das **Deutsche Gerichtskostengesetz** nebst den Gebührenordnungen für Gerichtsvollzieher, Zeugen und Sachverständige. Herausgegeben mit Anmerkungen und Kostentabellen von **R. Sydow** u. **L. Busch.** Siebente Auflage. 1 M. 80 Pf.

16. **Rechtsanwaltsordnung.** Von **R. Sydow.** Vierte Auflage von Dr. **E. Mosler.** 1 M. 20 Pf.

17. Die **Deutsche Gebührenordnung für Rechtsanwälte und das Preußische Gebührengesetz** vom 27. September/6. Oktober 1899. Von **R. Sydow** und **L. Busch.** Siebente Auflage. 1 M. 60 Pf.

18. **Reichsstempelgesetz (Börsensteuergesetz)** v. 14. Juni 1900, mit den Ausführungsbestimmungen, einem Auszug aus den Gesetzes-Materialien und den Entscheidungen der Verwaltungsbehörden und des Reichsgerichts. Achte Auflage von **P. Loeck,** Regierungsrath. 3 M. 30 Pf.

19. Die **Seegesetzgebung.** Nebst den Entscheidungen des Reichsoberhandelsgerichts, des Reichsgerichts und der Seeämter. Von Dr. **W. E. Knitschky.** Dritte Auflage bearbeitet von Oberlandesgerichtsrath **Otto Rudorff** in Hamburg. 4 M. 50 Pf.

20. **Krankenversicherungsgesetz.** Von weil. Dr. **E. von Woedtke,** Direktor im Reichsamte des Innern. Zehnte Auflage bearbeitet von Dr. **G. Eucken-Addenhausen,** Geh. Reg.-Rath und vortr. Rat im Reichsamte des Innern. 3 M. 50 Pf.

21. Die **Konsulargesetzgebung.** Von Professor Dr. **Ph. Zorn.** Zweite Auflage. 3 M.

22a. **Patentgesetz.** Nebst Ausführungsbestimmungen, völkerrechtlichen Verträgen und der Patentanwalts-Ordnung unter eingehender Berücksichtigung der Rechtsprechung des Reichsgerichts und der Praxis des Patentamts. Erläutert von Prof. Dr. **R. Stephan,** Geh. Reg.-Rath, Mitglied des Kaiserlichen Patentamts. Sechste Auflage. 2 M.

22b. Gesetz zum **Schutz der Waarenbezeichnungen.** Nebst Ausführungsbestimmungen. Von Dr. **R. Stephan,** Geh. Reg.-Rath, Mitglied des Kaiserlichen Patentamts. Vierte Auflage. 1 M.

23. **Gewerbe-Unfallversicherungsgesetz** und Gesetz, betr. die Abänderung der Unfallversicherungsgesetze vom 30. Juni 1900 nebst Ausführungsverordnungen. Von Dr. **E. v. Woedtke,** Präsident des Kaiserl. Aufsichtsamts für Privatversicherung. Achte Auflage. 2 M. 50 Pf.

24. **Aktiengesellschaft und Kommanditgesellschaften auf Aktien.** (Handelsgesetzbuch, II. Buch, Abschnitt 3

und 4.) Mit Anmerkungen von **H. Keyssner,** Kammergerichtsrath und Dr. **H. Veit Simon,** Rechtsanwalt. Fünfte Auflage. Bearbeitet von Dr. **Hugo Keyssner** und **L. Keyssner.** 2 M. 25 Pf.

25. Reichsgesetz wegen **Erhebung der Brausteuer** vom 31. Mai 1872 mit Ausführungsvorschriften. Von **E. Bertho,** Regierungsrath. 1885. 1 M. 60 Pf.

26. Die Reichsgesetzgebung über **Münz- und Notenbankwesen,** Papiergeld, Prämienpapiere und Reichsschulden. Von Dr. jur. **R. Koch,** Präsident des Reichsbankdirektoriums. Vierte Auflage. 3 M.

27. Die Gesetzgebung, betr. das **Gesundheitswesen** im Deutschen Reich für Behörden, Aerzte &c. Von Dr. jur. **C. Goesch** und Dr. med. **J. Karsten.** 1888. 1 M. 60 Pf.

28. **Bau-Unfallversicherungsgesetz.** Vom 30. Juni 1900. Von **R. Chrzescinski,** Kaiserl. Regierungsrath. Dritte Auflage. 2 M.

29. Reichsgesetz, betr. die **Erwerbs- und Wirthschaftsgenossenschaften.** Von **L. Parisius** und Dr. **H. Crüger.** Zehnte Auflage bearbeitet von Dr. **H. Crüger.** 1 M. 50 Pf.

30. **Invalidenversicherungsgesetz** vom 13. Juli 1899. Von Dr. **E. v. Woedtke,** Präsident des Kaiserlichen Aufsichtsamts für Privatversicherung. Neunte Auflage. 2 M. 50 Pf.

31. **Gewerbegerichtsgesetz.** Von Stadtrath **L. Mugdan.** Fünfte Auflage bearbeitet von **W. Cuno,** Erstem Bürgermeister zu Hagen i. W. 2 M.

32. Reichsgesetz, betr. die **Gesellschaften mit beschränkter Haftung.** Von **L. Parisius** und Dr. **H. Crüger.** Siebente Auflage. 1 M. 25 Pf.

33. Das **Vereins- und Versammlungsrecht** in Deutschland. Von Dr. **E. Ball,** Rechtsanwalt. 2 M. 25 Pf.

34. Reichsgesetz, betreffend die **Abzahlungsgeschäfte.** Vom 16. Mai 1894. Von **J. Hoffmann.** Zweite vermehrte Auflage besorgt von Dr. **E. Wilke,** Landgerichtsrath. 1 M. 20 Pf.

35. Die **Reichs-Eisenbahngesetzgebung.** Von **W. Coermann,** Kaiserl. Amtsrichter. 1895. 2 M. 25 Pf.

36. Gesetze, betr. die **privatrechtlichen Verhältnisse der Binnenschifffahrt und der Flößerei.** Erläutert von **H. Makower.** Dritte Auflage bearbeitet von **E. Löwe,** Landgerichtsrath. 3 M.

37. Gesetz zur **Bekämpfung des unlauteren Wettbewerbes.** Vom 27. Mai 1896. Von Dr. **R. Stephan,** Geh. Regierungsrath. Dritte Auflage. 1 M.

38/39. **Bürgerliches Gesetzbuch nebst Einführungsgesetz.** Nach dem Tode des ursprünglichen Herausgebers Reichsgerichtsraths a. D. Dr. **A. Achilles** in Verbindung mit Professor Dr. **André,** Landrichter

Ritgen, Landrichter **Strecker,** Ober-Regierungsrath Dr. **Unzner** herausgegeben von Geh. Ober-Justizrath **Greiff.** Vierte Auflage. 8°. 6 M. 50 Pf.
Dieser Band ist in größerem Format erschienen!

40. Gesetz, betr. die **Pflichten der Kaufleute bei Aufbewahrung fremder Werthpapiere (Depotgesetz).** Mit Erläuterungen. Von **F. Lusensky,** Geh. Regierungsrath. Zweite Auflage. ca. 1 M.

41. **Börsengesetz.** Vom 22. Juni 1896. Nebst Ausführungsbestimmungen. Unter Mitwirkung des Direktors im Reichsamt des Innern **A. Wermuth** bearbeitet von Regierungsrath **H. Brendel.** 1 M. 50 Pf.

42. **Grundbuchordnung** nebst den preußischen Ausführungsbestimmungen. Mit Einleitung. Von Professor Dr. **O. Fischer.** Dritte Auflage 2 M. 25 Pf.

43. Die Gesetzgebung, betr. die **Zwangsvollstreckung in das unbewegliche Vermögen** im Reiche und in Preußen. Mit Einleitung, Kosten- und Gebührentabellen. Von Dr. **J. Krech,** Kaiserl. Geh. Regierungsrath und Professor Dr. **O. Fischer.** Vierte Auflage. 2 M.

44. Das Reichsgesetz über das **Auswanderungswesen** vom 9. Juni 1897 nebst Ausführungsverordnungen und Anlagen. Unter Benutzung amtlicher Quellen. Von Professor Dr. **Felix Stoerk.** 2 M. 25 Pf.

45. Das **Entmündigungsrecht** unter Berücksichtigung der für Preußen geltenden Vorschriften nebst der preußischen Justiz-Ministerial-Verfügung vom 28. November 1899. Text der civil- und prozeßrechtlichen Bestimmungen mit Erläuterungen von Landgerichtsrath Dr. **P. Koll** in Cöln. 1 M. 50 Pf.

46. Die Gesetze des Reiches und Preußens über die **freiwillige Gerichtsbarkeit.** Mit Einleitung von **Herm. Jastrow,** Amtsgerichtsrath. Dritte Auflage. 3 M.

47. Das **deutsche Vormundschaftsrecht** und das preuß. Gesetz über die Fürsorgeerziehung Minderjähriger nebst den dazu gehörigen preußischen Nebengesetzen. Mit Einleitung und Erläuterungen von **Max Schultzenstein,** Oberverwaltungsgerichtsrath und Amtsgerichtsrath Dr. **Paul Köhne.** Zweite Auflage 3 M.

48. Gesetze und Verordnungen, betr. den **Drogen-, Gift- und Farbenhandel** außerhalb der Apotheken. Von Dr. **Broh,** Rechtsanwalt. 1 M. 25 Pf.

49. Deutsche **Kolonialgesetzgebung.** Von Professor Dr. **Philipp Zorn.** 4 M. 50 Pf.

50. Der **Viehkauf** (Viehgewährschaft) nach dem Bürgerlichen Gesetzbuche. Mit Erläuterungen von Rechtsanwalt Dr. **H. Stölzle.** Nebst Verordn. betr. die Hauptmängel und Gewährsfristen beim Viehhandel. Von **H. Weiskopf,** Königl. Kreisthierarzt in Augsburg. Dritte Auflage. 3 M.

51. **Hypothekenbankgesetz** vom 13. Juli 1899. Von Dr. **H. Göppert,** Gerichts-Assessor. 1 M. 80 Pf.

52. Gesetz, betreffend die gemeinsamen **Rechte der Besitzer von Schuldverschreibungen.** Von Dr. **Heinrich Göppert,** Gerichts-Assessor. 2 M.

53. **Reichspreßgesetz** vom 7. Mai 1874 nebst den einschlägigen Bestimmungen des Strafgesetzbuchs, der Gewerbeordnung 2c. Kommentar von **A. Born,** Polizeiassessor. 1 M. 50 Pf.

54. Die Reichsgesetzgebung über den Verkehr mit **Nahrungsmitteln, Genußmitteln** und **Gebrauchsgegenständen.** Von Dr. **Georg Lebbin,** Nahrungsmittelchemiker. 2 M. 25 Pf.

55. Das Recht der **Beschlagnahme von Lohn- und Gehaltsforderungen.** Auf Grundlage der Reichsgesetze vom 21. Juni 1869 u. 29. März 1897 und der Civilprozeßordnung. Von Rechtsanwalt **Georg Meyer.** Zweite Auflage. 2 M.

56. Gesetz, betr. die **Bekämpfung gemeingefährlicher Krankheiten.** Nebst Ausführungsbestimmungen. Von Dr. **Bruno Burkhardt,** Regierungsrath, Mitglied des Kais. Gesundheitsamts. 1 M. 40 Pf.

57. **See-Unfallversicherungsgesetz.** Von **Dr. Max Mittelstein,** Oberlandesgerichtsrath in Hamburg. 2 M.

58. **Das Recht der unehelichen Kinder.** Ausgabe aller einschlägigen Bestimmungen des B.G.B. Von **Hermann Jastrow,** Amtsgerichtsrath. 1 M. 80 Pf.

59. Reichsgesetz über die **Beurkundung des Personenstandes und die Eheschließung.** Von Dr. **F. Fidler,** Amtsgerichtsrath. 1 M. 80 Pf.

60. Gesetz, betreffend das **Urheberrecht an Werken der Litteratur und der Tonkunst.** Von Gerichtsassessor **Otto Lindemann.** 1 M. 50 Pf.

61. Gesetz über das **Verlagsrecht.** Von Justizrath **Ernst Heinitz.** 1 M. 50 Pf.

62. Gesetz über die **privaten Versicherungsunternehmungen.** Von **H. Könige,** Ob.-Landsger.-Rath. 3 M.

63. **Gesetzestafel des Deutschen Reichsrechts.** Systematisch geordnete Nachweisung des z. Z. geltenden Reichsrechts. Ergänzungsband zu der Guttentag'schen Sammlung Deutscher Reichsgesetze. Von **Hugo Bruhns,** Syndikus. 2 M. 50 Pf.

64. Gesetzsammlung betr. den **Handel mit Drogen und Giften.** Reichsgesetzl. Bestimmungen und Anhang mit den landesgesetzl. Verordnungen sämmtlicher Bundesstaaten. Von Rechtsanwalt **H. Sonnenfeld,** Syndikus der Berliner Drogisten-Innung. 3 M.

65. Das **Weingesetz** vom 24. Mai 1901. Mit Ausführungsbestimmungen erläutert von Dr. **Georg Lebbin,** Handels- und Gerichtschemiker zu Berlin. 1 M. 50 Pf.

66. Die **Eisenbahn-Gesetzgebung.** Von **W. Pietsch,** Geh. exp. Sekretär im Reichs-Eisenbahn-Amt. 5 M.

67. **Militär-Strafgesetzbuch.** Mit den Entscheidungen des Reichs-Militärgerichts von Dr. **Paul Herz,** Senats-Präsident am Reichs-Militärgericht und Kriegsgerichtsrath Dr. **Georg Ernst.** 3 M.

68. Das **Fleischbeschaugesetz.** Vom 3. Juni 1900. Mit Ausführungsges. u. Verordnungen im Reiche und in Preußen. Von Dr. **Georg Lebbin,** Gerichtschemiker und Rechtsanwalt Dr. **Georg Baum.** 4 M.

69. Reichsgesetz über die **Naturalleistungen der bewaffneten Macht im Frieden** nebst den zugehörigen in Preußen geltenden Bestimmungen. Von Regierungsassessor Dr. **Walter v. Hippel.** 1 M. 25 Pf.

70. Das **Reichs-Haftpflichtgesetz,** betr. die Verbindlichkeit zum Schadensersatz für die bei dem Betriebe von Eisenbahnen, Bergwerken, Steinbrüchen, Gräbereien und Fabriken herbeigeführten Tödtungen und Körperverletzungen, vom 7. Juni 1871. Von Regierungsrath Dr. **G. Eger.** Preis 3 M.

71. **Kinderarbeit in gewerblichen Betrieben,** v. 30. März 1903. Nebst der Preuß. Ausführ.-Anw. v. 30. Nov. u. d. Bek. des Reichskanzlers v. 17. Dez. 1903. Von **H. Spangenberg,** Oberverwaltungsgerichtsrath. Zweite vermehrte Auflage. 1 M. 60 Pf.

72. **Unfallversicherungsgesetz für Land- und Forstwirtschaft** vom wirkl. Geh. Rat Dr. **E. von Woedtke,** fortgesetzt von Dr. **Alfred Radtke,** Geh. Regierungsrat und Senatspräs. im Reichsversicherungsamt. 4 M. 50 Pf.

73. **Entschädigung für unschuldig erlittene Verhaftung und Bestrafung.** Nebst Anhang, enth. die dazu gehörigen Nebengesetze über Schadensersatz. Von Dr. jur. **A. Romen,** Geh. Kriegsrat und vortr. Rat im Kriegsministerium. 2 M.

74. Die **Kaufmannsgerichte** nebst den preuß. Ausführungsbestimmungen. Von Dr. **Max Apt,** Syndikus der Korporation der Berliner Kaufmannschaft. 3. Aufl. 2 M.
Daraus einzeln: **Preuß. Ausführungsbestimmungen.** 50 Pf.

Guttentag'sche Sammlung
Preußischer Gesetze.

Text-Ausgaben mit Anmerkungen. Taschenformat.

1. Die **Verfassungs-Urkunde** für den Preußischen Staat. Mit Einleitung, vollständigem Kommentar. Von Prof. Dr. **Adolf Arndt.** Fünfte Auflage. 3 M.

2. Preußische **Beamten-Gesetzgebung.** Enthaltend die wichtigsten Beamtengesetze in Preußen. Von **C. Pfafferoth.** Dritte Auflage. 1 M. 50 Pf.

3. **Die Aufnahme des Nottestaments** durch die bestellten besonderen Urkundspersonen. Anweisung

vom 15. März 1904. Erläutert mit Musterbeispielen und einem Abriß des Erbrechts von Amtsgerichtsrath **C. Kurtz.** 1 M. 50 Pf.

4. **Gebührenordnung** für **Notare** vom 25. Juni 1895 nebst den einschlägigen Vorschriften des Preußischen Gerichtskostengesetzes. Von **R. Sydow.** Zweite Auflage bearbeitet von Dr. **E. Mosler,** Gerichtsassessor. 1 M. 50 Pf.

5. Gesetz vom **24. April 1854 (betr. die außereheliche Schwängerung).** Von Dr. **Schulze.** 75 Pf.
Seit dem 1. Januar 1900 gültiges Recht siehe: Reichsgesetze Nr. 58.

6. Die Preuß. **Ausführungsgesetze und Verordnungen zu den Reichs-Justizgesetzen.** Von **R. Sydow.** Dritte vermehrte Auflage. 1895. 2 M. 40 Pf.
Siehe Seite 21, Busch, Ausführungsgesetze.

7. **Allg. Gerichtsordnung** vom 6. Juli 1793 und Preuß. **Konkursordnung** vom 8. Mai 1885. Von **F. Vierhaus,** Geh. Ober-Justizrath. Vergriffen.

8. **Vormundschaftsordnung.** Von **F. Schultzenstein.**
Gültiges Recht siehe: Reichsgesetze Nr. 47.

9. Die Preußische **Grundbuchgesetzgebung.** Von Prof. Dr. **Fischer.** Vergriffen. Siehe: Reichsgesetze Nr. 42.

10. **Einkommensteuergesetz.** Von **A. Fernow,** Geh. Finanzrath. Fünfte Auflage. 2 M. 50 Pf.

11. **Gewerbesteuergesetz.** Von **A. Fernow,** Geh. Finanzrath. Vierte, vermehrte u. verbesserte Auflage. 2 M.

12. **Allgemeines Berggesetz** für die preußischen Staaten und die auf dasselbe bezüglichen Gesetze und Verordnungen. Von **E. Engels.** Dritte Auflage. In Vorbereitung.

13. **Ergänzungssteuergesetz** (Vermögenssteuergesetz). Von **A. Fernow,** Geh. Finanzrath. Dritte vermehrte Auflage. 1 M. 50 Pf.

14. **Kommunalabgabengesetz.** Vom 14. Juli 1893 und Gesetz wegen Aufhebung direkter Staatssteuern. Von Dr. **F. Adickes,** Oberbürgermeister. Dritte Auflage. 1 M. 50 Pf.

15. Die **Kreisordnungen** für den Preußischen Staat. Von **O. Kolisch,** Landgerichtsrath. 1894. 4. M.

16. **Concessionirung gewerblicher Anlagen.** Preuß. Ausführungs-Anweisung zu §§. 16 u. ff. der Gewerbe-Ordnung. Von Dr. **W. v. Rüdiger,** Geh. Regierungs- u. Gewerberath. Zweite Auflage. 2 M.

17. Preußisches **Gerichtskostengesetz.** Mit Kostentabellen. Von Dr. **P. Siméon,** Landrichter. Vierte Auflage. 2 M. 25 Pf.

18. Preußisches **Stempelsteuergesetz** vom 31. Juli 1895. Mit den gesammten Ausführungsbestimmungen und vollständigen Tabellen. Von **P. Loeck,** Regierungsrath. Fünfte Auflage. 5 M.

Dieser Band ist in größerem Format erschienen.

19. Das **Jagdscheingesetz.** Mit ausführlichen Erläuterungen nebst der Ausführungsverfügung. Von **F. Kunze,** Wirklichem Geh. Ober-Regierungsrath. Zweite Auflage. 2 M.

20. Gesetz, betr. die **Erbschaftssteuer.** Unter Berücksichtigung der Novelle vom 31. Juli 1895. Von Regierungsrath **P. Loeck.** 1 M. 80 Pf.

21. Gesetz über die **Handelskammern.** Vom 19. August 1897. Mit Erläuterungen von **F. Lusensky,** Geh. Regierungsrath. 3 M.

22. Gesetz, betr. **Anstellung und Versorgung der Kommunalbeamten.** Mit Ausführungsanweisung. Von Dr. **W. Ledermann,** Magistratsassessor zu Berlin. 1 M. 25 Pf.

23. **Ausführungsgesetz zum Bürgerlichen Gesetzbuche.** Von Landrichter Dr. **P. Siméon.** 1 M. 60 Pf.

24. Die **Hinterlegungsordnung** in der Fassung des Ausführungsgesetzes z. B.G.B. v. 20. Sept. 1899 nebst Ausführungsbestimmungen. Von Regierungsassessor Dr. **Georg Bartels.** 1 M. 50 Pf.

25. **Preußische Kommunalbeamtengesetzgebung.** Von Magistratsassessor Dr. **Fr. Kremski,** Berlin. 3 M.

26. Die Preußischen Gesetze über das **Diensteinkommen der Lehrer und Lehrerinnen, ihren Ruhegehalt und die Fürsorge für ihre Hinterbliebenen,** sowie einer Tabelle zur Berechnung der Ruhegehalts-, Wittwen- und Waisenbezüge. Von Dr. **Ed. Cremer,** Beigeordneter. 2 M. 40 Pf.

27. Gesetz, betreffend die **Waarenhaussteuer.** Von Geh. Ober-Finanzrath Dr. **G. Strutz.** 1 M. 20 Pf.

28. Gesetz über die **Fürsorgeerziehung Minderjähriger.** Nebst Ausführungsanweisungen. Von Landgerichtsrath Dr. **P. F. Aschrott.** 2 M. 80 Pf.

29. Gesetz, betr. **die ärztlichen Ehrengerichte, das Umlagerecht und die Kassen der Aerztekammern.** Von Amtsgerichtsrath Dr. **Fidler.** 1 M. 50 Pf.

30. Die das **Preußische Staatsschuldbuch** und **Reichsschuldbuch** betr. Gesetze nebst Ausführungsbestimmungen. Von Wirkl. Geh. Ober-Finanzrath **J. Mücke,** Mitglied der Staatsschuldenverwaltung. 2 M.

31 a. **Die geltenden Preußischen Gesindeordnungen.** Herausgegeben in zwei Bänden von **Stephan Gerhard,** Rechtsanwalt in Berlin.

Band I: Gesindeordnung für die altpreußischen Provinzen vom 8. XI. 1810, mit Erläuterungen unter Berücksichtigung der Ergänzungsgesetze und der Rechtsverhältnisse der Gesindevermiether, sowie die Gesindeordnung für Neuvorpommern und Rügen und für die Rheinprovinz. 2 M. 50 Pf.

31 b. **Band II:** Gesindeordnungen für Hannover, Schleswig-Holstein, Hessen-Nassau und den Regierungsbezirk Hohenzollern. 2 M. 50 Pf.

32. **Die Städteordnung für die sechs östlichen Provinzen Preußens vom 30. Mai 1853 nebst ihren gesetzlichen**

Ergänzungen. Von **Dr. jur. Walter Ledermann,** Magistrats-Assessor zu Berlin. 6 M.

Dieser Band ist in größerem Format erschienen!

33. **Rentenguts- und Anerbenrechts-Gesetzgebung in Preußen.** Von Landgerichtsrath **M. Peltasohn** und Rechtsanwalt **Bruno Peltasohn.** 3 M.

34. Sammlung der wichtigsten **Preußischen Strafgesetze** nebst Anhang: Gesetz betr. polizeiliche Strafverfügungen vom 23. April 1883. Von **Otto Lindemann,** Amtsrichter. 2 M. 50 Pf.

    Inhalt: Mobiliar-Feuerversicherung — Chausseegeld — Jagdpolizei — Jagdschein — Wild-Schonzeit — Fischerei — Versammlungs- u. Vereinigungsrecht — Belagerungszustand — Gesindedienstpflichten — Mineraliengewinnung und -Aneignung — Schlachthäuser — Dampfkesselbetrieb — Wandergewerbebetrieb — Reblausverbreitung — Forstdiebstahl — Wald- u. Wassergenossenschaften — Feld- u. Forstpolizei — Lotteriespiel — Verkehrsabgaben — Landestrauer.

35. **Geschäftsordnung für Gerichtsvollzieher.** Gerichtsvollzieherordnung und Gebührensätze von Amtsgerichtssekretär a. D. **Emil Exner.** 3 M. 50 Pf.

36. Die Gesetzgebung über **Polizeiverordnungen in Preußen** von **Otto Lindemann,** Amtsrichter in Köslin. 1 M. 50 Pf.

Guttentag'sche Sammlung von Text-Ausgaben mit Sachregister ohne Anmerkungen.

Taschenformat, elegant in Leinen gebunden.

Reichs-Justizgesetze:

Gerichtsverfassungsgesetz. Civilprozeßordnung. Konkursordnung. Strafprozeßordnung.

In einem Bande gebunden 3 M. 80 Pf.

Zweite Auflage.

Civilprozeßordnung mit **Gerichtsverfassungsgesetz** und **Einführungsgesetzen.** 2 M.

Konkursordnung mit **Einführungsgesetz.** 80 Pf.

Strafprozeßordnung nebst **Einführungsgesetz.** 1 M. 20 Pf.

Bürgerliches Gesetzbuch nebst **Einführungsgesetz.** Zehnter Abdruck. 2 M. 50 Pf.

Handelsgesetzbuch nebst **Einführungsgesetz** u. **Seerecht.** Siebenter Abdruck. 1 M. 80 Pf.

Gewerbeordnung für das Deutsche Reich. Zweite Auflage. 1 M. 20 Pf.

Ausführungsanweisung zur Gewerbe-Ordnung vom 1. Mai 1904 nebst der preuß. technischen Anleitung. 2 M.

Militär-Strafgesetzbuch mit Abdruck der angezogenen Bestimmungen des Reichs-Strafgesetzbuchs. 1 M.

Wie leitet man eine Versammlung? Geschäftlicher Handweiser für Vorsitzende. Von einem Mitgliede des Deutschen Reichstags und des Preußischen Abgeordnetenhauses. kl. 8°. Preis in elegantem Einbande 1 M.

Ein nützliches und notwendiges Büchlein.

Holtgreven, Dr. A., Präsident des Oberlandesgerichts in Hamm und Dr. **Th. Wolff,** Oberlandesgerichtsrath. Das Wildschadengesetz vom 11. Juli 1891. Kommentar. Vierte Auflage. 8°. Geb. 4 M. 50 Pf.

Arndt, Dr. Adolf, Professor. Verfassung des Deutschen Reichs. Mit Einleitung und Kommentar. Zweite Auflage. 8°. Geb. 4 M. 50 Pf.

Behrens, Paul, Handbuch für Vereine bei Aufstellung, Berathung und Aenderung der Vereins-Satzungen. 8°. Preis geb. 1 M.

Born, A., Polizei-Assessor in Königsberg i. Pr. Das preußische Baupolizeirecht nebst den einschlägigen Bestimmungen des Ansiedelungs-, Feld- und Forstpolizei-, Waldschutz- und Deichgesetzes, sowie dem Fluchtlinien-, Rayongesetz und dem Gesetz über die Zulässigkeit des Rechtsweges gegen polizeiliche Verfügungen. Kommentar. gr. 8°. Preis 10 M., geb. 11 M.

Delius, Dr. jur. H., Landgerichtsrath. Die Haftpflicht der Beamten. 8°. Preis geb. 2 M.

Delius, Dr. jur. H., Landgerichtsrath. Die Rechtsverhältnisse der geschlossenen Gesellschaften und Vereine nach Preußischem Recht unter besonderer Berücksichtigung der Befugnisse der Polizeibehörden. 8°. Preis in Leinenband 1 M. 60 Pf.

Das Gesetz betreffend die Anlegung und Veränderung von Straßen und Plätzen in Städten und ländlichen Ortschaften vom 2. Juli 1875. Des Kommentars von weil. Oberverwaltungsgerichtsrath **R. Friedrichs** fünfte völlig neubearbeitete Auflage bearbeitet von Dr. jur. **Hugo v. Strauß und Torney**, Senatspräsident am Oberverwaltungsgericht. 8°. Geb. Im Druck.

Ottermann, Carl, Stadtrath in Dortmund. Das Fluchtliniengesetz vom 2. Juli 1875. Erläuternde Abhandlung. 8°. 1 M. 25 Pf.

Könige, H., Oberlandesgerichtsrath. Handelsgesetzbuch vom 10. Mai 1897 nebst Abdruck des Gesetzes über die Angelegenheiten der freiwilligen Gerichtsbarkeit und Gerichtsverfassungsgesetz (Titel 7, Kammern für Handelssachen). 8°. Geb. in ganz Leinen 4 M. 50 Pf.

Telegraphenwege-Gesetz vom 18. Dezember 1899 nebst den vom Reichskanzler erlassenen Ausführungsbestimmungen vom 26. Januar 1900 und den Erläuterungen und Ausführungsanweisungen des Reichs-Postamts. Amtliche Ausgabe. 8°. Geb. in ganz Leinen 1 M.

Wilhelmi, Dr. L., Das Handwerkergesetz vom 26. Juli 1897. Mit Einleitung und Bemerkungen unter besonderer Berücksichtigung der Ausführungs-Anweisungen der größeren Bundesstaaten. Geb. in ganz Leinen 6 M.

J. Guttentag, Verlagsbuchhandlung, G. m. b. H.
in Berlin W 35.

Das Recht des Bürgerlichen Gesetzbuchs

vom 18. August 1896.

Ein dogmatisches Lehrbuch

von

Dr. Ernst Landsberg,
ordentl. Professor der Rechte zu Bonn.

gr. 8°. Zwei Bände. 1350 Seiten.

Preis brosch. 25 M., geb. in Halbfranz 28 M.

Das Werk bezweckt eine möglichst kurze und dogmatische Darstellung des Rechtsstoffes, welcher durch das Bürgerliche Gesetzbuch gegeben ist. Es soll möglichst kurz sein, deshalb umfaßt es nicht das ganze sonstige bürgerliche Recht, sondern berücksichtigt dasselbe nur durch gelegentliche Ausblicke und Verweisungen. Aber es soll doch klar und für den Anfänger faßlich sein, deshalb ist die Erörterung, namentlich in den ersten Abschnitten, etwas eindringlicher angelegt, der starre Lehrbuchton vermieden.

Auf diese Weise hofft Verfasser noch eine Lücke in unserer Literatur ausgefüllt zu haben, und dem Lernenden wie dem Praktiker eine allgemein brauchbare, aus der Praxis und Theorie anregende Gabe zu bieten.

Schlagwort-Register.

N. = Nummer der Sammlung Deutscher Reichsgesetze.
P. = Nummer der Sammlung Preußischer Gesetze.
S. = Seite.

FSC
www.fsc.org
MIX
Papier | Fördert gute Waldnutzung
FSC® C083411

Kolibri 360 GmbH
Ferdinand-Jühlke-Straße 7
99095 Erfurt, Deutschland
produktsicherheit@kolibri360.de